María del Mar Ferré Rodríguez

Lateralidad y aprendizaje

Desarrollo, diagnóstico y abordaje

© Mª del Mar Ferré Rodríguez
© LATERALIDAD Y APRENDIZAJE: desarrollo, diagnóstico y abordaje

ISBN: 978-84-685-8896-4
Depósito legal: M-12688-2025

Editado por Bubok Publishing S.L.
equipo@bubok.com
Tel: 912904490
Paseo de las Delicias, 23
28045 Madrid

A mi hijo, lo mejor de mi vida. Agotador a veces, mi motor siempre, que me recarga con cada sonrisa y cada abrazo. Gracias por recordarme cada día la importancia de seguir adelante con fuerza y pasión.

A mi madre, por ser un apoyo incondicional, por encontrar siempre fuerzas para seguir adelante y, además, ayudar a los demás. Por ser mi mejor consejera, mi consultora, mi amiga y mi compañera tanto en las fatigas como en las alegrías, además de madre excepcional.

A mi padre, que me enseñó la verdadera esencia de la medicina y me abrió las puertas al fascinante mundo del desarrollo infantil, inculcándome con gran pasión el amor por esta profesión además de ser el mejor padre y abuelo.

A todas las familias que han confiado en nosotros a lo largo de estos años, acompañándonos en este camino y permitiéndonos formar parte del desarrollo de sus hijos.

A Pilar Vergara que, aun sabiendo que mi padre era único, confió en mí y me apoyó y ha supervisado los valores visuales de las tablas que contiene el libro.

Y a todos los profesionales inconformistas, dedicados al desarrollo y la terapia infantil, que siguen formándose en su tiempo libre con el único objetivo de aportar un granito de arena más y ayudar a cada niño y niña a alcanzar su máximo potencial.

ÍNDICE

INTRODUCCIÓN

Se ha escrito y debatido mucho sobre la lateralidad. La mayoría de autores y definiciones se centran en la mano o el pie dominante. Algunos incluyen el ojo dominante, pero, en la mayoría de los casos, únicamente se contempla la lateralidad motora visual, sin tener en cuenta la lateralidad sensorial visual ni la posibilidad de que una disfunción la pueda condicionar.

En casi ningún estudio o definición se considera la ruta auditiva, a pesar de ser fundamental para la organización del lenguaje y uno de los pilares clave de la lateralidad. Tampoco suele mencionarse el hemisferio dominante, un aspecto esencial en este proceso.

Por suerte, desde hace varias décadas, ya no se penaliza el hecho de ser zurdo ni se corrige esta tendencia de forma forzada. No obstante, debemos recordar que, en generaciones pasadas, prácticas como atar la mano izquierda a la silla para impedir su uso eran comunes, como le ocurrió a mi abuela. Afortunadamente, esto ya no sucede, pero tampoco debemos caer en el error contrario: ignorar los problemas de organización lateral y esperar que el tiempo los resuelva sin intervención. De la misma manera, no podemos caer en el error de cambiar el uso de una mano a otra sin un análisis exhaustivo y un diagnóstico fiable y riguroso, puesto que puede generar más dificultades de las que pretende solucionar.

Mis veinticinco años de práctica clínica, quince de ellos junto a mi padre, el Dr. Jorge Ferré Veciana, me han demostrado que, detrás de muchas dificultades de aprendizaje, existen trastornos en la organización lateral. Para ordenar códigos alfanuméricos, aprender a leer o escribir o realizar correctamente operaciones matemáticas, es imprescindible contar con unas coordenadas espaciales bien integradas. Esto es posible cuando la lateralidad y las bases prelaterales están correctamente organizadas.

Evidentemente, el impacto de cualquier trastorno en la organización lateral dependerá del tipo de alteración, de la capacidad del niño para desarrollar mecanismos de compensación y de la causa subyacente del trastorno. Además, la evolución, cuando planteamos un tratamiento, estará influenciada no solo por estos factores, sino también por el entorno, tanto familiar como pedagógico y el estado emocional del niño.

Lo que sí está claro es que una adecuada organización lateral, considerando la mano, el ojo, el oído y el hemisferio dominante, contribuye significativamente a la mejora del rendimiento escolar, así como al bienestar personal y emocional de muchos niños.

El objetivo, a nivel funcional, es construir puntos de referencia claros. En aquellos casos en los que no sea posible resolver el desorden lateral por diversas circunstancias, es fundamental que el cerebro funcione como una unidad integrada, gracias a la función de un cuerpo calloso bien desarrollado.

Para lograrlo, debe existir un desarrollo previo, armónico, sin vacíos de información, que permita la integración y el trabajo conjunto de ambos lados del cuerpo, los dos ojos, los dos oídos, las dos manos y ambos hemisferios cerebrales como una unidad funcional.

Cada hemisferio cumple un papel esencial: uno se encargará de analizar el detalle, mientras que el otro aportará el contexto y la globalidad, garantizando un procesamiento equilibrado y completo de la información.

¿QUÉ ES LA LATERALIDAD?

Vamos a comenzar definiendo qué es la lateralidad. Si nos fijamos en la definición de la RAE, ésta la describe como: *"Preferencia espontánea en el uso de los órganos situados al lado derecho o izquierdo del cuerpo, como los brazos, las piernas, etc.".* Sin embargo, como ya hemos mencionado, esta definición no engloba el sistema visual ni el auditivo ni hace referencia a la lateralidad hemisférica.

La lateralidad es consecuencia de la distribución diferenciada de funciones entre los dos hemisferios cerebrales. Este hecho fue descubierto por Roger Sperry (1952) al seccionar el cuerpo calloso de pacientes afectos de epilepsia con el fin de que estas crisis no se generalizaran entre ambos hemisferios cerebrales. Estos pacientes con cerebro dividido mostraron como ambos hemisferios tienen funciones diferenciadas pero complementarias, demostró así la lateralización del lenguaje, siendo el hemisferio izquierdo el responsable de esta función y del procesamiento visual. Posteriormente, estas asimetrías funcionales se han podido constatar mediante técnicas de estudio por imagen.

De la misma manera, los estudios de Paul Broca (1861) y, posteriormente Carl Wernicke (1874), constataron que las áreas de lenguaje se situaban en el hemisferio izquierdo. No fue hasta 1974 cuando Alexander Luria descubrió áreas de lenguaje en hemisferio derecho en el 27% de zurdos y sólo en el 4% de diestros, por tanto existía una relación con la mano preferente, aunque no directa. Otros estudios, como los de Segalowitz y Bryden (1983), muestran que la distribución de las áreas de lenguaje en los zurdos no es tan homogénea como en los diestros. Encontraron que el 18,8% de los participantes tenían dominancia del lenguaje en el hemisferio derecho, el 61,4% en el izquierdo y el 19,8% mostraban una distribución bilateral (Segalowitz, S. J. y Bryden, M. P., 1983).

La lateralidad está genéticamente determinada y diversos estudios han demostrado que, incluso en el útero materno, los fetos ya muestran una preferencia por chuparse el dedo derecho o izquierdo y este dato se correlaciona con la dominancia manual posterior del individuo (Hepper, P. G., Wells, D. L., y Lynch, C., 2005).

Aproximadamente el 12 % de la población mundial es zurda, aunque este porcentaje varía según diferentes regiones y culturas o, incluso, dependiendo del nivel de industrialización de cada sociedad, situándose entre un 3,4% y un 26%. En España, se estima que alrededor del 9,8 % de la población es zurda. Estos datos coinciden con hallazgos en pinturas rupestres y las lascas encontradas en los yacimientos prehistóricos, en las que se ha observado una proporción de obras realizadas con la mano derecha e izquierda similar a los datos poblacionales actuales sobre diestros y zurdos en sociedades modernas no industrializadas.

Se relaciona la aparición de la lateralidad con la necesidad de que la respuesta manual fuera más eficaz, especializando cada mano para una función determinada dentro de una acción bimanual. Otras investigaciones la asocian con la aparición de la bipedestación y, por último, también se ha asociado con la aparición del lenguaje. En este sentido, resultan muy interesantes los estudios realizados por Eder Domínguez-Ballesteros, que apunta que, *"en base a los niveles de lateralidad detectados en individuos homo neandertales y no pudiendo confirmarse que poseyeran lenguaje, sí se puede confirmar que existe evidencia de una organización cerebral capaz de poseer lenguaje"*.

Dicho esto, la lateralidad es una etapa fundamental en el desarrollo humano. Durante su desarrollo, el niño atraviesa por diferentes fases, cada una con un propósito específico. Estas etapas no son aisladas, sino que se construyen unas sobre otras: cada una sirve de apoyo para la siguiente y, a su vez, se sustenta en la anterior.

Es esencial que el niño integre todas estas etapas sin omitir ninguna, evitando vacíos de información en su desarrollo. Cada fase activa estructuras y conexiones cerebrales que permiten la organización progresiva del sistema nervioso. El cerebro necesita operar con una estructura ordenada y jerárquica, en la que ciertas funciones sean automáticas para permitir el desarrollo de habilidades más complejas.

Esta organización es el resultado de millones de años de evolución, en los que los seres humanos nos hemos adaptado al entorno. En el caso concreto de los niños, este proceso depende de las fases del desarrollo que han experimentado, determinando su maduración neurológica y funcional.

Tenemos estructuras dobles, tenemos dos brazos, dos piernas, dos ojos, dos riñones, dos pulmones, etc. y dos hemisferios cerebrales que deben controlar la función de estas estructuras dobles con el fin de que puedan operar como una unidad, permitiendo de esta manera la visión tridimensional o la audición estereoaural, por ejemplo.

Durante los primeros años de vida, el niño utiliza indistintamente los dos lados del cuerpo, sin ninguna preferencia concreta. Y esto debe ser así porque, durante los primeros años de vida, va a ser muy importante construir una buena simetría funcional y estructural. Es a partir de los 4 o 5 años, cuando podemos empezar a observar alguna preferencia en la utilización de una u otra mano a la hora de agarrar un cubierto, lanzar una pelota o coger un lápiz. Y cuando hablamos de lateralidad, hablamos de la fase comprendida entre los 4 y los 12 años de edad.

Ya hemos dicho que el hecho de estar lateralizados nos permite integrar unas coordenadas espacio-temporales y comprender códigos alfa numéricos. Por tanto, es muy importante que el niño esté lateralizado cuando inicie el aprendizaje de la lectoescritura. Este aprendizaje debería iniciarse, por tanto, en primero de Primaria para asegurar que la mayoría de alumnos se encuentran lateralizados, la mayoría ya no realizan respuestas bilaterales porque es fundamental que, durante los años de aprendizaje de códigos alfanuméricos escritos, el cerebro cuente con una correcta organización del espacio y el tiempo, de las letras y los números. El orden forma parte de la información y resulta importante poder orientar correctamente los símbolos cuyo significado depende de la forma y el lugar que ocupan en el espacio: no es lo mismo 31 que 13, LA que AL o b y d.

Aconsejamos que, en estas etapas de aprendizaje, la lateralidad esté bien definida y no haya respuestas ambidiestras, ya que, en la mayoría de los casos, esta situación es reflejo de un desorden lateral, de una lateralidad mal organizada, que se manifiesta con respuestas alternantes entre ambos lados. Esta situación no ofrece una ventaja, más bien al contrario, puesto que dificulta la adquisición de los códigos escritos, ya que el aprendizaje de la lectura y la escritura requiere una orientación clara en unas coordenadas bien establecidas, así como una buena organización espacio-temporal y una dominancia cerebral definida.

Cuando la lateralidad no está correctamente organizada, pueden aparecer dificultades como inversiones en la escritura o la lectura, confusión en la direccionalidad y desorientación en el espacio gráfico. El niño puede no tener claro si debe escribir de derecha a izquierda o de izquierda a derecha, lo que impacta negativamente en su proceso de aprendizaje.

Por este motivo, del mismo modo que controlamos el peso y la talla de los niños durante sus primeros años de vida, sería fundamental garantizar una correcta organización de base y una lateralidad bien estructurada antes del inicio de la Educación Primaria.

DESARROLLO DE LA LATERALIDAD

El hecho de que usemos preferentemente un lado u otro del cuerpo, como mencionamos anteriormente, depende de la diferente distribución de funciones entre ambos hemisferios cerebrales. La lateralidad es una etapa fundamental del desarrollo que transcurre entre los 4 y los 12 años. Sobre los 3 o 4 años, ya podemos observar las primeras manifestaciones. Sin embargo, para que este proceso se organice correctamente, es imprescindible haber desarrollado previamente una simetría adecuada que permita la integración funcional de nuestros sistemas dobles: dos ojos, dos oídos, dos manos, dos pies y dos hemisferios cerebrales, asegurando que trabajen en conjunto como una unidad bien estructurada.

Si el desarrollo entre los 0 y 4 años no transcurre de manera óptima, no lograremos establecer esta unidad funcional y la lateralidad no se organizará correctamente, aunque las exigencias del entorno nos lleven a coger el lápiz con una mano u otra. Es crucial, por lo tanto, recorrer todas estas fases de desarrollo y asegurarnos de que, en estos primeros años de vida, no existan condicionantes centrales o periféricos que interfieran en el proceso.

Un ejemplo de esto es el caso de un niño con visión reducida en un ojo, quien tenderá a convertir el ojo no penalizado en dominante. Del mismo modo, un niño que presenta una disminución auditiva en un oído, ya sea por una obstrucción de moco o por una lesión en el nervio acústico, favorecerá el uso del otro oído, que se convertirá en dominante. Algo similar ocurre cuando existe una alteración en la movilidad de un brazo o un pie, una asimetría craneal o una postura asimétrica debido a una tortícolis congénita o adquirida, una maloclusión, etc. En todos estos casos, el punto de partida es una situación de asimetría, lo que dificulta la construcción de una unidad funcional equilibrada y puede condicionar las respuestas laterales. Debería ser fundamental detectar estas asimetrías de forma precoz para poder tratarlas a tiempo. Identificar y corregir cualquier alteración en los primeros años de vida permite que el desarrollo motor, sensorial y neurológico transcurra de manera óptima, favoreciendo así una correcta organización lateral.

Muchas de estas asimetrías pueden pasar desapercibidas si no se evalúan con detalle, ya que los niños suelen desarrollar mecanismos de compensación. Sin embargo, estas compensaciones no siempre son funcionales a largo plazo y pueden derivar en dificultades en el aprendizaje, en la coordinación motriz o incluso influir en aspectos emocionales y conductuales.

Por ello, es clave que los profesionales de la salud y la educación presten atención a estos signos y realicen valoraciones específicas que permitan una intervención temprana y eficaz.

El desarrollo del sistema nervioso se produce de abajo hacia arriba y de atrás hacia adelante. Esto significa que contamos con tres niveles cerebrales que evolucionan progresivamente:

- **Cerebro reptiliano**: Es la parte más primitiva, formada por el tronco encefálico y la médula espinal. Se encarga de las respuestas automáticas y reflejas ante cambios o estímulos del entorno.
- **Sistema límbico**: Situado por encima del cerebro reptiliano, está relacionado con el procesamiento de las emociones.
- **Corteza cerebral**: Es la estructura más evolucionada del cerebro y la responsable de las respuestas conscientes, el aprendizaje voluntario, la planificación y la toma de decisiones. Sin embargo, no interviene en respuestas automáticas o ya automatizadas.

Por esta razón, es fundamental que el cerebro cuente con automatismos bien establecidos. Ciertas actividades deben realizarse de forma automática e inconsciente para que la corteza cerebral pueda centrarse en procesos más complejos. Por ejemplo, un niño que no tiene un adecuado control postural, que se mueve continuamente en la silla y necesita corregir voluntariamente su postura, verá comprometida su capacidad de atención y aprendizaje, ya que su corteza cerebral estará ocupada en mantener el equilibrio en lugar de procesar la información que le llega del entorno.

Por último, el **cuerpo calloso** es una estructura clave en el sistema nervioso, ya que permite la conexión anatómica y funcional entre ambos hemisferios cerebrales, facilitando la comunicación y coordinación entre ellos. Veremos cómo esta estructura es fundamental y de su menor o mayor actividad va a depender, en muchas ocasiones, que los desórdenes de la organización lateral tengan mayor o menor repercusión clínica.

El control del movimiento de cada lado del cuerpo corresponde al hemisferio contralateral, ya que las vías nerviosas son cruzadas. Es decir, el hemisferio derecho controla los movimientos del lado izquierdo del cuerpo y viceversa.

A continuación, analizaremos las diferentes funciones de cada hemisferio cerebral:

- **Hemisferio izquierdo**:

    Procesamiento analítico y secuencial.

    Dominio del lenguaje, lectura y escritura.

    Pensamiento lógico y matemático, analítico, actividades secuenciales y lineales.

    Controla los movimientos del lado derecho del cuerpo, por tanto, en el caso de los diestros, control de la lateralidad corporal y control del movimiento de la mano dominante.

    Control del habla, la percepción auditiva que permite la identificación de ruidos y sonidos y la decodificación fonética.

    Tendencia a la estructuración y organización.

- **Hemisferio derecho**:

  Procesamiento global y holístico, integra en una globalidad la información procesada en el hemisferio dominante.

  Percepción espacial y reconocimiento de patrones.

  Creatividad, expresión artística, imaginación.

  Interpretación de las emociones y lenguaje no verbal.

  Controla los movimientos del lado izquierdo del cuerpo. En el caso de los diestros, control del movimiento del lado subdominante.

  Reconocimiento de caras, objetos, dibujos e imágenes globales no simbólicas.

  Interviene en la lectura ideográfica, como en el caso del japonés o chino.

  Mayor capacidad para la intuición y el pensamiento abstracto.

  Es un hemisferio que es capaz de realizar operaciones simultáneas o paralelas, por lo que procesa a mayor velocidad que el izquierdo.

Esta especialización hemisférica no significa que un hemisferio funcione de manera aislada del otro, sino que trabajan de forma complementaria mediante la interconexión a través del cuerpo calloso, permitiendo la integración de la información y la ejecución de tareas complejas.

La información procesada por cada hemisferio es complementaria, una sin la otra estaría incompleta. La integración del análisis detallado del hemisferio izquierdo con la visión global y creativa del hemisferio derecho es fundamental para la correcta interpretación de la información.

Nuestro sistema educativo, sin embargo, tiende a priorizar la estimulación del hemisferio izquierdo, fomentando el pensamiento lógico, analítico y secuencial, mientras que deja en segundo plano las capacidades del hemisferio derecho, relacionadas con la creatividad, la intuición y la percepción global.

En el caso de los zurdos, la organización cerebral presenta características particulares, ya que muchas funciones pueden estar distribuidas de forma más simétrica entre ambos hemisferios, lo que llevaría, según han demostrado algunos estudios, a que algunas personas zurdas tengan un cuerpo calloso de mayor tamaño, que les facilita una mejor comunicación entre ambos hemisferios cerebrales facilitando, a su vez, la creatividad y resolución de problemas desde una vertiente más global, pero, en cambio, deben realizar un esfuerzo para adaptarse a una cultura diestra, a utensilios e instrumentos que han sido pensados para diestros y a la direccionalidad de escritura diestra de izquierda a derecha (Álvarez et al., 2010). Si bien es cierto que, un zurdo que organiza bien su lateralidad no va a tener grandes dificultades para adaptarse a la cultura diestra.

Otros autores defienden la idea de que los zurdos tienden a procesar la información de manera más global, puesto que predomina el hemisferio derecho en este procesamiento, sin centrarse en los detalles correspondientes al hemisferio izquierdo, lo que les permite ser más creativos ante problemas cotidianos.

Pero esta especialización hemisférica es una función que debe ir madurando y apareciendo a medida que maduran las diferentes estructuras del sistema nervioso a lo largo del desarrollo infantil. Su formación pasa por una serie de etapas hasta completarse. Son necesarios varios años antes de que el cerebro organice correctamente la lateralidad y esté preparado para la lecto-escritura. Por este motivo, aquellos niños que empiezan este aprendizaje sin tener una correcta organización lateral o los niños zurdos, que todavía no están adaptados al sentido direccional diestro, realizan muchas más inversiones a la hora de leer y escribir.

En este sentido, quiero destacar que la respuesta correcta de un niño de uno a tres años es bilateral, alterna la utilización de ambas manos, sin una dominancia definida todavía. En aquellos casos que se observe una clara tendencia lateral a estas edades, debemos sospechar un bloqueo de un lado del cuerpo y es necesario consultar a un especialista para una correcta evaluación. A partir de los tres años, podemos observar una preferencia, pero todavía veremos respuestas alternantes y, a partir de los cinco años, debemos observar que estas respuestas están ya bien definidas.

La evolución del cerebro debe llevar a que la organización cerebral sea homogénea, es decir, que el ojo, el oído, la mano y el pie dominantes correspondan al mismo lado del cuerpo. De esta manera, el cerebro puede trabajar de forma más eficaz y eficiente, es decir, mejor respuesta con menor consumo energético.

Cabe destacar que, cuando un niño no organiza y madura correctamente su lateralidad, pueden aparecer dificultades en el aprendizaje. A lo largo de nuestra actividad clínica hemos constatado que, detrás de muchos problemas de aprendizaje, existe un desorden en la organización lateral o prelateral. Evidentemente, este no es el único factor asociado, ya que pueden intervenir otros elementos como problemas visuales, dificultades en el procesamiento auditivo, aspectos emocionales o condiciones socio-ambientales.

Es importante señalar que, en muchos casos, las pruebas utilizadas para evaluar la lateralidad no son suficientemente consistentes. En algunas, por ejemplo, no se tiene en cuenta la ruta auditiva, fundamental para el lenguaje y, por ende, estrechamente relacionada con la lateralidad. En su mayoría, las evaluaciones se centran en la dominancia visual motora (simplificando, el ojo que enfoca) y no en la dominancia visual sensorial (el ojo que procesa la información). Sin embargo, la disparidad entre dominancia motora y sensorial es, precisamente, una de las situaciones que puede generar dificultades.

Así mismo, algunas pruebas auditivas utilizadas pueden ser poco fiables y estar sesgadas por la dominancia manual. Un ejemplo de esto es cuando se pide a un niño que lleve un objeto al oído para escuchar en su interior, ya que la elección del oído puede estar condicionada por la mano con la que ha sujetado el objeto. Algo similar ocurre en las pruebas visuales: si no se establecen consignas claras, es posible que se tome como respuesta visual lo que en realidad es una respuesta manual. Un ejemplo de esto sería el uso de un caleidoscopio: si no se especifica que el niño debe sostenerlo con ambas manos y solo acercarlo a un ojo, es probable que lo lleve al ojo correspondiente a la mano con la que lo ha cogido.

En el capítulo dedicado a la exploración detallaremos cuáles son los mejores procedimientos para evaluar la lateralidad de manera precisa. También es importante señalar que no todos los niños con un desorden lateral presentan dificultades de aprendizaje. La capacidad del cuerpo calloso para interconectar ambos hemisferios puede compensar, en mayor o menor medida, un desorden lateral. Sin embargo, cuando un niño presenta una alteración en la lateralidad, no solo debemos evaluar si esto supone un obstáculo en el aprendizaje, sino también considerar si le afecta a nivel emocional u otros ámbitos de su desarrollo.

Siempre que realicemos una labor preventiva y acompañemos al niño en su desarrollo desde edades tempranas, es recomendable procurar organizar su lateralidad de la forma más homogénea posible, respetando su dominancia hemisférica global y su diseño genético. De esta manera, podremos prevenir posibles dificultades en el futuro y favorecer un desarrollo armónico.

¿CÓMO SE CONSTRUYE LA LATERALIDAD?

La lateralidad se desarrolla a partir de múltiples factores, entre ellos el diseño genético y la influencia del entorno. Además, pueden existir condicionantes como procesos de identificación con algún miembro de la familia, con el profesor o la profesora o niños que por inseguridad copian al compañero de delante. También hay factores educativos que pueden intervenir directamente en la enseñanza del uso de una mano u otra. O factores físicos a tener en cuenta como lesiones e inmovilizaciones de una mano, que obligan a trabajar con la otra mano a una determinada edad, bloqueos osteopáticos, alteraciones en la agudeza visual de un ojo, ambliopías, alteraciones en el procesamiento auditivo o, incluso, sordera, de un oído.

Como ya hemos mencionado, el componente genético juega un papel muy importante: la mayoría de los niños zurdos tienen antecedentes familiares zurdos, por lo que es un aspecto relevante a considerar al evaluar la lateralidad de un niño. Cuando el niño comienza a mostrar una tendencia lateral, es fundamental ayudarle a desarrollarla de manera completa y homogénea.

En la educación infantil, antes de los cinco años, es crucial garantizar unas buenas bases prelaterales para que, posteriormente, tal como ya hemos dicho, la lateralidad se organice de forma adecuada. Para ello, debemos descartar posibles condicionantes físicos o emocionales que puedan interferir en el proceso, como asimetrías estructurales o funcionales, procesos de identificación o imitación de compañeros, etc. Esto permitirá evitar la aparición de una lateralidad condicionada y mal organizada.

Este aspecto es especialmente relevante en el caso de los niños zurdos, ya que el mundo que les rodea (tijeras, sacapuntas, libretas, mesas integradas en la silla e incluso el sentido gráfico de la escritura) está diseñado para diestros. Esta situación puede suponer un condicionante, por lo que es fundamental ayudarles a organizarse correctamente y a adaptarse a la direccionalidad diestra sin que esto altere su lateralidad natural. El objetivo es prevenir el desarrollo de una lateralidad contrariada, es decir, una lateralidad que no se ajusta a su diseño genético ni a su organización hemisférica.

Por ello, debemos acompañarlos en este proceso y, a partir de los cuatro años, conocer su diseño lateral, acompañar su desarrollo y potenciar el uso de su mano, pie, oído y ojo dominantes, favoreciendo así un desarrollo adecuado y una mejor adaptación a su entorno. Siempre que existan dudas es importante consultar con un profesional y nunca realizar intervenciones potenciando una lateralidad antes de los 4 años para no cometer errores en el caso de no ser especialistas en la materia. Me he encontrado con algunos niños en consulta que se han desarrollado con una lateralidad contrariada porque, en algún momento y porque alternaban el uso de las dos manos a los tres años, alguien decidió que se debía intervenir para que se decantara por una. Esto es un error enorme a edades tempranas porque estamos decidiendo y condicionando el futuro de los niños.

Cuando la lateralidad no se organiza correctamente y el cuerpo calloso no es eficaz, puede, no solo derivar en problemas de aprendizaje, sino también, más adelante, en problemas emocionales, personales y de organización general.

ETAPA PRELATERAL: 0 A 4 AÑOS

No me extenderé en este tema, ya que está ampliamente documentado y detallado en nuestras publicaciones *Cer0atr3s: Desarrollo neuro-senso-psicomotriz de los tres primeros años de vida* (Ferré Veciana, J. y Ferré, M., 2006) y *Atlas visual del desarrollo del bebé: Evolución del cerebro de 0 a 18 meses* (Ferré, M., 2013). Sin embargo, quiero destacar algunos de los procesos clave que influyen en el desarrollo lateral y que resultan fundamentales al explorar la lateralidad de un niño.

Como hemos mencionado, la lateralidad es una etapa más dentro del desarrollo neuro-senso-psicomotor del niño. Se empieza a activar durante las etapas prelaterales, que comprenden aproximadamente de los 0 a los 4 años. El objetivo de esta etapa es alcanzar una simetría corporal, tanto a nivel físico como funcional, evitando condicionantes que puedan interferir en el desarrollo lateral. Por tanto, es fundamental, corregir aquellas formas de gateo asimétricas, que no incorporan las dos piernas por igual, las formas de desplazamiento en posición de sentado y dando saltitos, puesto que no organizan correctamente el patrón contralateral de movimiento, aquellos que tienden a voltear más sobre un lado del cuerpo que sobre el otro, estimulando el lado menos activo, aquellos que tienen una colocación asimétrica, asimetría de pliegues o estructura craneal y que deberemos derivar a un osteópata para simetrizar su estructura.

Durante este período, es esencial:

- Integrar correctamente los reflejos primitivos para que no actúen como un factor interferente en el futuro y permitan un adecuado desarrollo de los reflejos posturales.
- Favorecer la integración de la línea media del cuerpo, que constituye un referente fundamental en la construcción de la unidad funcional.
- Desarrollar una correcta coordinación contralateral y unos correctos automatismos.

- Garantizar una adecuada función visual y auditiva tridimensional (visión binocular, audición estereoaural, tacto estereognósico).
- Lograr la máxima activación del cuerpo calloso, estructura clave para la comunicación entre ambos hemisferios cerebrales.

Estos procesos tienen lugar, en condiciones normales, entre los 0 y los 4 años. No obstante, es preferible evaluar la edad madurativa del niño en lugar de guiarse estrictamente por su edad cronológica. Algunos niños presentan un desarrollo más lento y necesitan más tiempo para alcanzar estos hitos de manera óptima.

El inicio de la lectoescritura debería estar determinado por la organización neurofuncional y la madurez del niño, más que por su edad cronológica. Esto es especialmente relevante en casos de niños grandes prematuros y/o nacidos en diciembre, que pueden comenzar la escolarización con tan solo dos años y medio, presentando una gran inmadurez. En muchos casos, no se les concede el tiempo necesario para madurar de forma adecuada, lo que puede afectar su desarrollo y aprendizaje.

Dicho esto, es un error facilitar un lápiz a un niño de tres años. Es preferible en estos casos utilizar pizarras, plano vertical con pintura de dedos. En los cursos, los asistentes suelen preguntar por un argumento contundente para defender esta idea ante los padres. Un argumento sencillo, fácil y visual es buscar una imagen que compare la radiografía de la mano de un niño de tres años con la radiografía de la mano de un niño de 6 años. No la puedo compartir directamente en la publicación, puesto que tiene derechos de autor, pero es fácil encontrarla. En ellas se puede observar como la mano del niño de tres años tiene gran cantidad de cartílago todavía, está poco osificada y no es una mano que esté preparada para agarrar un lápiz con la suficiente fuerza y habilidad que requiere la escritura. De ahí que observemos con mucha frecuencia pinzas en forma de garra que, más adelante y si no se corrigen, van a dificultar enormemente la grafomotricidad.

Aconsejamos que, entre los 0 y los 4 años, se realicen actividades de psicomotricidad que permitan actuar de forma preventiva, reforzando y trabajando cada una de las fases del desarrollo. Estas actividades también nos permiten detectar aquellos niños que requieren una atención especial debido a alguna alteración en su desarrollo de base, prevenir trastornos de lateralidad en el futuro, mejorar la organización prelateral del conjunto de los alumnos, fortalecer la conexión interhemisférica activando el cuerpo calloso, estimular los sistemas sensoriales y evitar el uso de papel y lápiz a edades tempranas.

Explicaré en el capítulo de abordaje las actividades preventivas que pueden realizarse en el aula o en el gabinete. Ahora, paso a describir brevemente los puntos clave de la etapa prelateral, sin extenderme demasiado, ya que este tema está ampliamente desarrollado en otras publicaciones nuestras.

Antes de llegar a la etapa de lateralidad, el niño atraviesa dos fases importantes: la fase homolateral y la fase contralateral. Durante los primeros nueve meses de vida, el bebé se encuentra en la fase homolateral, que se divide en dos subfases:

- **Fase monolateral alterna** (0 a 6 meses).
- **Fase duolateral** (6 a 9 meses).

A partir de los nueve meses, el bebé entra en la **fase contralateral**, en la que comienza a coordinar el movimiento del brazo derecho con la pierna izquierda y viceversa, organizando el reptado y el gateo contralaterales.

Desarrollo por trimestres:

- **Primer trimestre:** El bebé pasa por la **fase de boca arriba**, en la que se adapta al nuevo entorno tras salir del útero materno. En esta etapa, cuenta con unos reflejos que le permiten alimentarse y desarrolla otros que le permiten adaptarse. Un objetivo fundamental es la construcción de correctos ritmos biológicos. Al final de este trimestre, el bebé comenzará a colocar la cabeza en línea media cuando está boca arriba, iniciando así el control de la línea media. Antes de esto, su cabeza se desplazaba de un lado al otro con la clásica postura de "espadachín" (gira la cabeza hacia un lado y, automáticamente, extiende el brazo del mismo lado).
- **Segundo trimestre:** En esta fase, denominada **fase de boca abajo**, el bebé comienza a organizar el volteo, primero de boca arriba a boca abajo y, posteriormente, en sentido inverso. Cuando está boca

abajo, inicia movimientos rotatorios hacia ambos lados, como si fueran las agujas de un reloj, tomando su ombligo como punto central. Es esencial que estos movimientos sean simétricos y que se realicen en ambos sentidos.

- **Tercer trimestre:** Durante la **fase duolateral**, el bebé comienza a reptar desplazándose hacia adelante y, por primera vez, empieza a utilizar ambos lados del cuerpo de forma simultánea. También coordina los dos ojos y oídos a la vez, activando de manera equilibrada ambos hemisferios cerebrales.
- **A partir de los 9 meses:** El bebé entra en la **fase contralateral**, comenzando a coordinar el brazo derecho con la pierna izquierda y viceversa. Es aquí cuando organiza el reptado y el gateo contralaterales.
- **Entre los 12 y 18 meses:** Se inicia la **deambulación**. Es fundamental que el bebé se ponga de pie por sí mismo, sin ayuda externa. Es preferible que empiece a caminar a los 19 meses habiendo seguido un desarrollo adecuado, en lugar de hacerlo prematuramente a los 10 meses sin haber gateado antes, ya que saltarse fases puede afectar su desarrollo.
- **Alrededor de los 3 años:** El niño perfecciona la marcha y es capaz de mantenerse sobre un pie (monopedestación). Esto indica que ha logrado una plena integración de su eje medio céfalo-caudal, el cual comenzó a desarrollarse a los tres meses con la colocación de la cabeza en línea media.

Aproximadamente a esta edad (3 años), las áreas del lenguaje comienzan a consolidarse en el hemisferio izquierdo. A partir de este momento, se empiezan a organizar otras áreas relacionadas y comienza a activarse la lateralidad, que más adelante se desarrollará plenamente.

Es solo a partir de este momento cuando podemos empezar a observar cierta preferencia manual, aunque el niño seguirá alternando el uso de ambas manos y piernas hasta los 4 o 5 años. A los cinco años, cuando comienza la fase de lateralidad, recomendamos realizar una valoración preventiva antes del inicio de la lectoescritura. Explicaremos este proceso en el siguiente capítulo.

Evidentemente, cuando hablamos de desarrollo, podríamos dedicar capítulos enteros a los factores que deben tenerse en cuenta y corregirse. Sin embargo, voy a mencionar los más relevantes por su relación directa con los trastornos de lateralidad.

Durante los primeros años de vida, es fundamental descartar factores que puedan actuar como condicionantes en el futuro porque puedan generar asimetrías estructurales o funcionales o una maduración más tardía que hay tener en cuenta. Algunos de estos factores son:

- **Prematuridad:** Los niños prematuros nacen con un sistema más inmaduro, por lo que su edad corregida debería considerarse no solo para la administración de vacunas, sino también para determinar el inicio de la escolaridad o el aprendizaje, especialmente si el niño presenta signos de inmadurez.
- **Partos distócicos y factores gestacionales:** Se deben evaluar y tratar casos de partos complicados, asimetrías pélvicas en la madre o bebés que han permanecido encajados prematuramente en el útero, ya que estas condiciones pueden generar tensiones y asimetrías craneales. En estos casos, es conveniente consultar con un osteópata.
- **Alimentación con biberón:** Si no se opta por la lactancia materna y se utiliza el biberón, es recomendable alternar el lado con el que se le ofrece para garantizar una estimulación simétrica y bilateral, tal como ocurre de forma natural con el pecho.
- **Asimetrías estructurales y funcionales:** Es importante detectar precozmente asimetrías en la estructura corporal, como diferencias en la colocación como, por ejemplo, tendencia a estar tumbado siempre hacia el mismo lado, pliegues asimétricos en las piernas o menor movilidad en alguna extremidad. También se deben evaluar asimetrías en los movimientos para identificar sus causas y estimular el lado menos activo.
- **Desarrollo visual:** A partir de los seis meses, cuando el bebé entra en la fase duolateral, es necesario observar que las pequeñas desviaciones oculares desaparezcan. En los primeros meses, es normal que un ojo pueda desviarse ocasionalmente, pero a esta edad ya no debería ocurrir. Si persisten las desviaciones, es recomendable acudir a un oftalmólogo y a un optometrista.

- **Otitis:** Dentro de las distintas enfermedades que pueden afectar al bebé, las otitis merecen una mención especial. Son extremadamente frecuentes y, en algunos casos, pueden pasar desapercibidas al no presentar síntomas evidentes. Sin embargo, pueden obstruir las vías auditivas con moco en un momento crítico del desarrollo del sistema auditivo, afectando la adquisición del lenguaje. Además, en casos de otitis asimétricas que afectan siempre al mismo lado, suele haber una malposición de los huesos craneales que dificulta el drenaje. Este problema puede requerir tratamiento por parte de un osteópata, ya que podría influir en el desarrollo simétrico y en la correcta organización lateral.
- **Desarrollo motor:** Ya hemos señalado la importancia de un desarrollo motor completo, sin vacíos de información ni asimetrías.
- **Oclusión, deglución y masticación:** Tal como explica Eider Unamuno en sus interesantes publicaciones y cursos, además de promover la respiración nasal, es fundamental asegurar una masticación alternante. Cuando un niño mastica siempre por el mismo lado, ya sea por una caries, una asimetría u otros factores, se genera una mayor tensión muscular en un lado, lo que puede derivar en condicionantes incluso a nivel visual.
- **Inversiones y alternancia manual:** Aquellos niños que siguen realizando inversiones (escriben o leen letras en espejo) o que alternan el uso de ambas manos más allá de los cinco años deben ser valorados y explorados por un profesional.

Como ya mencioné, he querido destacar los aspectos más relevantes del desarrollo en relación con la lateralidad, aunque podríamos profundizar en muchos más. Sin embargo, no es el tema principal de este libro.

DIAGNÓSTICO DE LA LATERALIDAD

Cuando planteamos ejercicios de reorganización de la lateralidad, en ocasiones y, sobre todo cuando no existen dificultades en el aprendizaje asociadas, puede surgir la duda por parte del entorno familiar o pedagógico de si realmente es necesario y vale la pena reorganizar la lateralidad y realizar los ejercicios. Lejos de complicarles la vida porque llevan mucho tiempo utilizando una mano concreta, vamos a facilitársela porque podrán utilizar la que corresponde a su verdadera lateralidad antes de que se incrementen las exigencias del entorno y del aprendizaje. Pero, evidentemente, cuando existen dudas sobre el diagnóstico lateral, es fundamental acudir a un especialista que pueda guiar el proceso, que siempre debe realizarse de forma muy progresiva y con un orden concreto y, siempre, tras realizar un diagnóstico fiable. Las actividades gráficas van a ser el último paso del proceso, lo último que vamos a entrenar. Hablaremos de esto más adelante.

Además, considero que es importante no sólo tener en cuenta los resultados académicos actuales, sino prevenir para que no aparezcan dificultades en el futuro cuando aumenten las exigencias, mejorar la eficacia de las respuestas y evitar que el niño tenga que realizar un esfuerzo enorme y eso suponga un consumo energético excesivo para lograr sus objetivos en el colegio. Al mismo tiempo, tenemos que valorar si existen repercusiones de su desorden a nivel físico o emocional.

Recuerdo el caso de una chica de quince años que acudía a nuestra consulta. Presentaba una lateralidad contrariada y sus resultados escolares eran sobresalientes, pero tenía un alto nivel de estrés, que se manifestaba con grandes lesiones de dermatitis que llegaban a sangrar. Recordemos que el sistema nervioso y la piel tienen un mismo origen embrionario y, por tanto, podemos observar manifestaciones en la piel o empeoramiento de una patología previa cuando el sistema nervioso se encuentra sobrecargado o estresado.

Defendemos la idea de que un buen acompañamiento y una correcta prevención a lo largo del desarrollo del bebé y el niño son fundamentales. Así como tenemos claro que, a determinada edad, los niños deben recibir ciertas vacunas y someterse a controles periódicos de peso y talla, sería fundamental realizar, en cada etapa del desarrollo, una exploración para asegurar que este se lleva a cabo de manera correcta y armoniosa, sin vacíos de información.

Estas revisiones deberían realizarse en cada uno de los primeros seis trimestres de vida, luego a los 24 meses y, a partir de ahí, de forma anual si no se presentan problemas. Además, a los cinco años, sería imprescindible una evaluación específica para garantizar un correcto desarrollo lateral y prelateral, asegurando que el niño está preparado para el inicio de la lectoescritura.

Evidentemente, esta exploración es indispensable cuando aparecen una serie de síntomas que pueden sugerir un trastorno en la organización lateral. Estos síntomas son:

- **Falta de definición lateral más allá de los cinco años.** El niño mantiene respuestas alternantes todavía, escribe alternando las dos manos o manipula alternando las dos manos, lo que nos indica una indefinición lateral.
- **Inversiones** en lectura o escritura más allá de los cinco años.
- Dificultades en el inicio o la automatización de la **lectura,** baja velocidad lectora, dificultades en la comprensión lectora, en la **escritura o el cálculo matemático.** Esta situación puede ser secundaria a problemas sensoriales, pero es necesario descartar también problemas en la organización lateral.
- Cuando el problema no es detectado de forma precoz, nos podemos encontrar con situaciones de **fracaso escolar instaurado.**
- Dificultades para la **organización espacial o temporal, se desorientan fácilmente en el tiempo y el espacio.**

- Dificultades para discriminar la **izquierda y la derecha** en sí mismo, en el plano del papel y en el espacio que le rodea.
- Dificultades para **organizar los números** en las operaciones matemáticas. Confusiones entre suma y resta, multiplicación y división.
- Parecen **desorganizados**.
- Dificultades para situarse en el tiempo o para el uso de **conceptos temporales** (tiempos verbales, meses del año, días de la semana, etc.)
- **Baja velocidad de procesamiento o de respuesta**.
- Ante un diagnóstico de **dislexia, discalculia o disgrafía,** hay que descartar un trastorno de organización lateral que, frecuentemente, puede cursar con síntomas comunes con estas entidades.
- Cuando el sistema nervioso no trabaja de forma ordenada y no cuenta con unos buenos automatismos, el desgaste energético es mayor y puede llevar a **pérdidas de concentración y atención por fatiga**.
- Cuando se asocian problemas de aprendizaje, el niño puede presentar baja **autoestima, frustración y desmotivación, pudiendo llegar a intentar evitar tareas que le cuestan un gran esfuerzo**.
- Podemos encontrar cuadros emocionales como **irritabilidad, irascibilidad, ansiedad, miedo e inseguridad**.
- Pueden mostrar **torpeza motriz tanto para movimientos finos como gruesos, pueden parecer poco coordinados**.
- Cuando afecta la **ruta auditiva, pueden aparecer problemas de lenguaje**.
- Cuando hay fatiga por exceso de esfuerzo o cuando existe algún desorden en el procesamiento auditivo o visual, pueden presentar **problemas atencionales**.
- Pueden presentar **cansancio excesivo por sobreesfuerzo**.
- Ya hemos mencionado que pueden no existir problemas de aprendizaje y rendimiento escolar, pero que el sobreesfuerzo que deben realizar conlleve **problemas físicos, psicosomáticos**.

Quiero reiterar nuevamente que no todos los trastornos de lateralidad van a derivar en problemas escolares, emocionales o físicos. El cerebro tiene una gran capacidad para buscar recursos, vías alternativas y que el desorden comporte mayor o menor sintomatología va a depender, la mayoría de las veces, de la capacidad del **cuerpo calloso.** Por ejemplo, cuando un niño trabaja con un cruce lateral viso-manual, puede compensar esta situación si tiene un cuerpo calloso muy desarrollado y es capaz de pasar la información rápidamente de un hemisferio al otro.

A la hora de realizar un diagnóstico de lateralidad, es fundamental tener en cuenta la biografía del niño. Es importante detectar cambios biográficos que nos van a orientar sobre posibles causas de un bloqueo o problema en el desarrollo. Por ejemplo, suele ser frecuente el bebé que, siendo tranquilón y rítmico, empieza a caminar y, a partir de ese momento, empieza a mostrarse irritable, excitable, nervioso. Eso nos indica que, probablemente, no estaba preparado para iniciar la deambulación. O el niño que, con el nacimiento de una hermana o hermano cambia de actitud vital, de humor, de comportamiento en casa. A nivel lateral, también existen condicionantes que debemos detectar historiando el caso. Así pues, la historia clínica de la que luego hablaremos y detallaremos es una parte fundamental de mis visitas y la información más relevante debe constar siempre que hagamos un diagnóstico de lateralidad.

Entre las **causas** que pueden llevar a un trastorno de lateralidad y que podemos detectar historiando el caso o bien por exploración específica, destacan las siguientes:

- La existencia de **asimetrías estructurales o funcionales** que no han sido detectadas pueden condicionar las respuestas laterales.
- La **falta de maduración en las etapas prelaterales** comportará que, más allá de los cinco años, el niño no haya organizado correctamente su lateralidad y siga alternando, probablemente, la utilización de una y otra mano de manera indistinta.
- Los **procesos de identificación** con miembros de la familia o de la escuela pueden suponer un condicionante que altere el normal desarrollo de la lateralidad y que el niño, por ejemplo, coja el lápiz con la mano izquierda porque copia al compañero que se sienta delante o utilice la mano derecha porque su papá así lo hace.
- La **instrumentalización precoz**, el uso de lápiz y papel demasiado pronto puede condicionar la utilización de una mano concreta cuando el niño todavía se encuentra en fase prelateral y no está preparado para ello.

- El uso de **instrumentos diseñados para diestros** puede condicionar el diseño lateral de un zurdo y que se desarrolle erróneamente como diestro.
- **Una educación en la que se ha forzado el uso de una mano.** Esta situación se podía dar de forma más frecuente hace varias décadas, por suerte, hoy en día no es tan habitual. No obstante, nos hemos encontrado en consulta con niños a los que se ha decidido inducir una mano por alternar a los cuatro años y se trata de un error.
- **Problemas sensoriales, visuales o auditivos,** que condicionen el desarrollo lateral.
- Problemas biológicos que afecten, por ejemplo, un oído como **otitis unilaterales de repetición.**
- **Problemas de inmadurez, como el que se puede dar en algunos casos de prematuridad, sufrimiento fetal, adopciones, bajo peso al nacer, hipoxia en el nacimiento, etc.** que pueden comportar retrasos importantes en el desarrollo de la lateralidad y, por tanto, una lateralidad no establecida a los 5 o 6 años.
- **Un retraso en el desarrollo psicomotor por cualquier causa**, va a enlentecer el desarrollo y la organización lateral.

Por tanto, mediante la **historia clínica,** debemos descartar todos estos factores condicionantes y se debe recabar información acerca de las diferentes fases del desarrollo, aspectos físicos y emocionales.

HISTORIA CLÍNICA:

La historia clínica o anamnesis ha de ser exhaustiva, es una parte fundamental de la evaluación y debe contener la siguiente información:

- Datos sobre **gestación y parto**: reposo, medicaciones, amenazas de parto prematuro, tóxicos, utilización de instrumentos durante el parto (necesarios para la viabilidad y la supervivencia tanto del bebé como de la mamá, pero que, en ocasiones, pueden provocar hematomas, tracciones o asimetrías), partos prematuros porque conllevan cierto grado de inmadurez del bebé ya desde el momento del nacimiento. Hay que destacar en este sentido que, inicialmente, se corrige la edad del bebé prematuro, sin embargo ya no se tiene en cuenta a la hora de iniciar la escolaridad, por ejemplo.

- **Adopciones:** es probable que los niños adoptados no hayan tenido las mismas posibilidades de desarrollo además de las carencias afectivas y emocionales que esta situación pueda conllevar, especialmente, cuando han sido adoptados a edades avanzadas.

- **Lactancia materna o artificial:** ya hemos mencionado que la lactancia materna supone una activación bilateral alternante y que si no tenemos en cuenta este factor al administrar el biberón, podemos incurrir en el error de darlo siempre por el mismo lado y estimular siempre el mismo lado.

- **Adaptación durante los primeros meses de vida, establecimiento de ritmos y enfermedades biológicas:** siempre que un niño tiene que luchar por sobrevivir, le resulta más difícil y tiene menos recursos energéticos para invertir en su desarrollo.

- **Desarrollo motor y sensorial de los primeros meses de vida:** Es importante asegurar que el bebé volteó y lo hizo de forma correcta hacia ambos lados, realizó un correcto reptado circular, reptado lineal, gateo contralateral integrando las cuatro extremidades (en este caso no serían válidos patrones de desplazamiento como el "culeteo", en forma de sentado o "en saltador de vallas", es decir, con una pierna hacia adelante y la otra hacia atrás. Hay que insistir y confirmar que, realmente, el gateo fue contralateral y simétrico. Es importante conocer la edad de inicio de la deambulación y si la inició por sí mismo, sin ayuda.

- Descartar que existan **asimetrías estructurales o funcionales:** asimetría craneal, posicional, de los movimientos, de los pliegues en las piernas, tortícolis congénita o adquirida, asimetrías faciales, alteraciones o asimetrías en la oclusión dentaria, desviaciones de un ojo más allá de los 6 meses de edad u otitis unilaterales, que nos indican una asimetría en la posición de los huesos craneales.

- **A qué edad se lateralizó y si existen antecedentes familiares zurdos:** ya hemos comentado que existe un componente genético que determina la lateralidad, así que resulta importante conocer la impregnación genética del niño a nivel lateral. A la hora de historiar el caso, es importante asegurar que mantenía respuestas alternantes y bilaterales hasta los 4 años aproximadamente, que su lateralidad no se definió de forma excesivamente precoz, lo que podría sugerir un bloqueo en el desarrollo bilateral más que una lateralidad correctamente organizada.

- **Cómo se adaptó a los diferentes entornos y cómo era su relación con el grupo:** centros de educación infantil, primaria, extraescolares, etc.
- **Cómo es la relación entre los diferentes miembros de la familia:** valorar si existen celos entre hermanos o si se produjo algún cambio en su biografía con el nacimiento de los mismos.
- Evaluar si consideran que **la lateralidad se ha desarrollado correctamente. Cómo utiliza los cubiertos, las tijeras y los lápices,** aunque, como veremos más adelante, estos instrumentos pueden tener gran influencia cultural y de aprendizaje directo y, por tanto, no van a ser los datos más relevantes de cara al diagnóstico lateral.
- Determinar si presenta **dificultades en alguna materia concreta, si le costó iniciar la lecto-escritura, si persisten las inversiones más allá de los cinco años, si es habilidoso a nivel psicomotor.**
- **Si presenta síntomas que hagan sospechar una alteración en la función visual o el procesamiento auditivo:** malas posturas de trabajo, fatiga visual, lagrimeo, escozor ocular con el esfuerzo, visión borrosa, se frota frecuentemente los ojos, le cuesta copiar de la pizarra, le resulta difícil contestar a la primera y hay que llamarle muchas veces, le molestan los ruidos, tiene dificultades de lenguaje, ya sea en la estructuración o para pronunciar algunas letras, confunde letras al hablar o parece que está en su mundo.

Con toda esta información, disponemos de un perfil del niño, información sobre su biografía y puntos de inflexión y ruptura biográfica, que nos sugieren una posible causa o alteración en un momento dado. Es importante intentar abordar las causas en lugar de, únicamente, los síntomas. Cuando lo podemos determinar, debemos abordar y tratar, en primer lugar, la causa más primitiva, la más relevante. Cuando el abordaje es causal, es mucho más efectivo que sí, únicamente, realizamos un abordaje sintomático.

En este momento, podemos realizar la exploración funcional y física del niño, que detallo en el siguiente capítulo.

PROTOCOLO DE EXPLORACIÓN DE LA LATERALIDAD Y DE LAS BASES PRELATERALES

A la hora de explorar la lateralidad, tenemos que tener en cuenta los siguientes aspectos:

- **Antes de los cuatro años**, es importante valorar el desarrollo prelateral. Vamos a acompañar el desarrollo del niño para asegurarnos de que ha integrado correctamente la línea media y está incorporando los patrones contralaterales. Aún es pronto para determinar y evaluar su lateralidad, aunque, a partir de los tres años, podemos comenzar a observar los primeros indicios de predominio lateral.
- **A partir de los cuatro años**, debemos observar detenidamente qué mano utiliza en sus actividades cotidianas y, además, llevar a cabo una exploración específica, dirigida para evaluar los aspectos más relevantes de su desarrollo lateral. Antes de iniciar la lectoescritura, a los cinco años, sería conveniente realizar una exploración lateral a todos los niños para asegurar su correcto desarrollo lateral.

La evaluación de los niños de 0 a 3 años está ampliamente documentada y detallada en nuestras publicaciones *Cer0atr3s: Desarrollo neuro-senso-psicomotriz de los tres primeros años de vida* (Ferré Veciana, J. y Ferré, M., 2006), que contiene **las Tablas de valoración del nivel de desarrollo neuro-senso-psicomotriz TDN 0-3,** que han sido validadas como instrumento de valoración en dos estudios de investigación realizados en un grupo de 209 niños y niñas (Llamas-Salguero, F., et al., 2021) y 41 niños y niñas (Martín Lobo, P., et al., 2020) de 13 a 36 meses. Este último fue presentado en el XIV Congreso Internacional de Educación e Innovación en diciembre 2020 en Coimbra, Portugal. Ambos estudios concluyen que las tablas presentan un buen nivel de fiabilidad como instrumento de valoración, son aplicables en centros infantiles como instrumento de prevención y permiten la detección de aquellos niños con necesidades específicas y que requieren una evaluación en un centro especializado.

EXPLORACIÓN FÍSICA

Antes de evaluar la lateralidad, debemos descartar que existan factores que condicionen las respuestas laterales y que deben ser debidamente tratados. Recordemos que un requisito previo para poder organizar correctamente la lateralidad es construir una correcta unidad funcional, la cual depende también de que exista una correcta simetría estructural.

Debemos observar el cuerpo y la dinámica corporal del niño para detectar posibles asimetrías craneales, desviaciones en la espalda y dismetrías en la cintura escapular y pélvica, las cuales pueden indicar una alteración osteopática. La evaluación se realizará tanto de pie como tumbado. En posición tumbada, analizaremos si presenta una postura desviada, diferencias en la altura de los pies o tobillos o si existe una apertura desigual de las caderas.

Al observar la cara, ambos ojos tienen que estar bien alineados, a la misma altura y debemos descartar estrabismos. Los dientes tienen que ocluir de forma simétrica.

Al sentarse en el suelo, debemos observar que coloca ambas piernas hacia adelante y no presenta un sentado perineal, es decir, con las piernas dirigidas hacia atrás desde las rodillas o se sienta de forma asimétrica con una pierna hacia adelante y la otra hacia atrás.

Tenemos que observar que incorpora ambos lados del cuerpo en el movimiento o ambas manos están sobre el plano de trabajo cuando está sentado en la mesa.

Evaluaremos la piel para determinar si existen alteraciones como dermatitis, el abdomen que, en el caso de estar muy abombado, puede indicarnos una alteración en la digestión y absorción. Es importante valorar la mucosa oral, las amígdalas y los oídos porque el aspecto de los tímpanos puede aportar información sobre la ventilación de vías altas, si ha padecido otitis y si tiene placas de esclerosis en sus tímpanos.

En el caso de detectar alguna alteración, es necesario remitirle al profesional pertinente, como por ejemplo un osteópata en el caso de las asimetrías o un pediatra o especialista en medicina integrativa en el caso de alteraciones de tipo biológico.

EXPLORACIÓN DE LAS BASES PRELATERALES: GRADO DE INTEGRACIÓN Y AUTOMATIZACIÓN

Antes de evaluar las respuestas laterales, es fundamental explorar la integración de las bases prelaterales. Sin esta información, no podemos determinar si el niño ha alcanzado la fase de lateralidad ni validar sus respuestas laterales. Si las bases aún no están bien integradas, lo más habitual es observar una alternancia en sus respuestas, utilizando ambas manos en la mayoría de las actividades. Esto ocurre porque aún no ha completado el proceso de unificación que le permite establecer coordenadas y referencias claras.

Al final de este capítulo, encontrarán las **Tablas Ferré de evaluación preventiva del desarrollo motor y sensorial de los 3 a los 6 años, TDN 3 a 6,** que permiten evaluar el nivel de desarrollo a los 3, 4, 5 y 6 años. Aconsejamos utilizar las tablas como elemento de detección de aquellos niños que requieren de una exploración y abordaje con mayor profundidad, tanto en el aula como en el gabinete de terapia. Cada uno de los ejercicios se explica de forma detallada al final de cada una de las tablas.

A la hora de valorar la dominancia lateral de un niño, podemos, inicialmente, observar sus conductas espontáneas. En aquellos casos en los que no presenten una clara dominancia a partir de los cinco años, que cambian constantemente de mano o que presentan alguna asimetría, es necesario realizar la exploración dirigida.

En la consulta, integramos ambas fuentes de información: observamos su conducta espontánea desde el momento en que entra por la puerta y nos saluda, observamos cómo se sienta y se levanta de la silla, cómo se coloca en la mesa, camina o cruza las piernas, entre otros aspectos. Además, realizamos una exploración dirigida para analizar una serie de respuestas concretas.

Durante esta exploración, es fundamental evitar que el niño sea consciente de lo que estamos evaluando para no influir en sus respuestas. Si un niño acude a consulta porque su entorno duda de su lateralidad, de si realmente es zurdo, por ejemplo, puede modificar sus respuestas por temor a que se concluya lo contrario. Por ello, siempre les propongo retos y les planteo objetivos diferentes a lo que realmente queremos observar, utilizando estrategias como: *"¡A ver cuántas veces eres capaz de botar la pelota en 10 segundos!"* o *"¡A ver si logras la puntuación máxima lanzando estas tres pelotas a la diana!"* De esta manera, obtenemos respuestas más espontáneas y fiables.

Vamos a explicar ahora las diferentes partes que componen la exploración de la lateralidad. Es importante no realizar una única observación, sino repetir las actividades varias veces para detectar respuestas alternantes. También es importante inducir el uso de la otra mano para comparar la habilidad y destreza de ambas. En algunos casos, aunque el niño utilice preferentemente una mano, al probar con la otra, puede mostrar una mejor calidad de respuesta y mayor habilidad.

Así mismo, es fundamental identificar posibles condicionantes que puedan influir en sus respuestas laterales, que es detallaremos en cada apartado. Por ejemplo, si un niño trabaja con un brazo debajo de la mesa, esto indica que aún mantiene un patrón monolateral, por lo que no podemos considerar válida la respuesta lateral que organiza únicamente con una mano.

Línea media: Para determinar el grado de integración del eje medio corporal, podemos realizar los siguientes ejercicios, la mayoría de los cuales están explicados con detalle al final del capítulo en las Tablas Ferré de valoración preventiva de 3 a 6 años, TDN 3 a 6.

- **Volteo en el suelo** en ambos sentidos, con los ojos abiertos y cerrados. Observaremos si se desvía, si es capaz de corregir la trayectoria y el grado de simetría entre ambos lados del cuerpo.

- **Volteo de pie** dentro de un aro de unos 40 cm de diámetro, en ambos sentidos y con ojos abiertos y cerrados. Observaremos si es capaz de mantenerse dentro del aro y si existe simetría en sus movimientos en ambos sentidos.

- **Sostenerse sobre un pie**, a la pata coja sin desplazamiento. En este caso, también observaremos con qué pie se sostiene. Luego le pediremos que lo haga con el otro pie y observaremos con cuál es más hábil y se sostiene mejor y más tiempo.

- **Saltar a la pata coja**. En este caso, también observaremos el pie que utiliza de forma espontánea y comparamos induciendo el otro pie.

- **Caminar con un pie delante del otro** por una franja trazada en el suelo de unos 10 cm de anchura, hacia adelante y hacia atrás. La punta de un pie y el talón del pie contrario deben tocarse. Cuando domina el ejercicio, podemos pedirle que lo realice con ojos cerrados.

- **Cruce de línea media:** el niño debe tocarse con la mano derecha la oreja izquierda y viceversa o pasar una bolita de una mano a la otra mientras la mano receptora se encuentra inmóvil al lado del cuerpo.

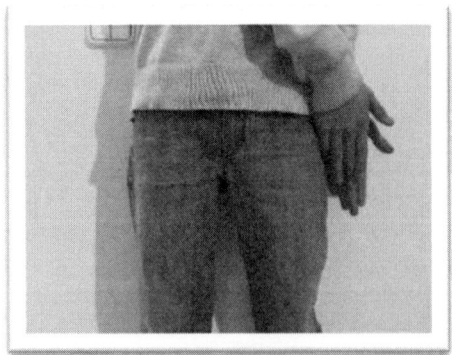

Contralaterales: En este caso, vamos a valorar el grado de integración de los patrones contralaterales y, además, el grado de automatización. Para ello, podemos integrar ritmos que debe seguir, realizar cambios de ritmo a los que se debe adaptar, realizar el ejercicio con ojos cerrados o realizarlo con demanda cognitiva, es decir, escuchando y contestando preguntas, hablando a la vez que realiza el patrón de movimiento.

Dependiendo de la edad y, tal como se puede observar en las tablas TDN 3 a 6, el grado de complejidad del ejercicio contralateral será mayor. En gradiente creciente de complejidad, evaluaremos los siguientes movimientos:

- **Arrastrado contralateral:** El movimiento debe ser simétrico, ha de integrar las cuatro extremidades por igual y combinar pierna derecha con brazo izquierdo y viceversa.

- **Gateo contralateral:** Debe poder realizarlo de forma simétrica, levantando las rodillas del suelo, con las extremidades bien alineadas, con las manos bien extendidas y apoyadas y en patrón contralateral. Es importante detectar bloqueos en las manos, manos cerradas que son causa, muchas veces, de una pinza pulgar-índice incorrecta. Podemos pedirle que repita el movimiento hacia atrás.
- **Marcha del tambor:** El niño debe desplazarse hacia adelante golpeando con la mano la rodilla contraria.

- **Marcha del soldado o deambulación decusada:** Se trata de caminar desplazándose hacia adelante extendiendo el brazo de un lado mientras adelanta la pierna contraria.

- **Marcha del soldado parando en firmes a cada paso:** Este paso es más complejo y, normalmente, lo indicamos al final de una terapia para automatizar los contralaterales o cuando exploramos a los niños más mayores. Se trata de realizar el paso anterior, pero realizando una parada en firmes entre paso y paso.
- **Patrón contralateral estirado en el suelo boca abajo o boca arriba:** El niño debe colocarse en el suelo tumbado boca arriba o boca abajo. Partiendo de la posición de firmes, en la que los brazos apoyan en el suelo y tocan el cuerpo y las piernas están estiradas hacia abajo y apoyadas sobre el suelo, giramos hacia un lado la

cabeza y el brazo a la vez que la pierna contraria. Deberá pasar por firmes antes de realizar el mismo movimiento hacia el otro lado. Es importante que pierna y brazo se muevan a la vez y que no sea un movimiento en dos tiempos.

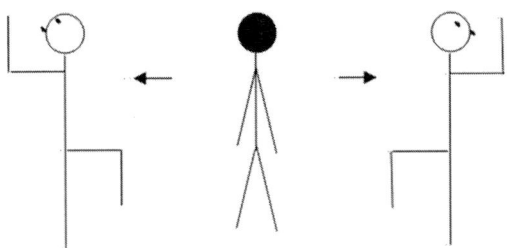

- **Ponerse de pie desde decúbito supino:** Desde la posición de tumbado boca arriba, le pedimos que se levante y, de esta manera, observaremos como realiza todos los movimientos de la secuencia evolutiva: volteo hacia abajo, colocarse a cuatro patas, posición de oseo y liberación de manos para ponerse de pie.

Al finalizar estas pruebas, disponemos de la información suficiente para determinar si existe una correcta integración de las bases prelaterales.

Pueden darse cuatro situaciones diferentes:

- **El niño posee una simetría correcta, ha integrado los patrones contralaterales con un correcto nivel de automatismos:** en este caso, podemos continuar con la exploración de la lateralidad para diagnosticarla.
- **El niño posee una correcta simetría, está integrando contralaterales, pero todavía no posee un grado suficiente de automatización:** Podemos explorar su lateralidad para determinarla y pautaremos ejercicios para mejorar el nivel de automatización de los patrones contralaterales.
- **El niño ha organizado una correcta simetría, pero todavía no ha integrado ni automatizado los patrones contralaterales:** Es necesario reforzar y trabajar las bases prelaterales para mejorar su

integración y todavía no se encuentra en fase de lateralidad. Podemos observar algunas respuestas laterales, pero aconsejamos mejorar, previamente, la integración prelateral para evaluarlas, de nuevo, al cabo de un tiempo.

- **Por último, si no ha organizado una correcta simetría estructural o funcional, es necesario trabajarla antes de determinar la lateralidad, puesto que las respuestas pueden ser condicionadas.** En este caso, es necesario investigar acerca de la causa para determinar la mejor terapia a llevar a cabo. Por poner algunos ejemplos, puede tener una asimetría craneal que debe trabajar un osteópata o una asimetría en las agudezas visuales que provoque una ambliopía. Las dominancias visuales no serán reales, sino condicionadas, y deberá trabajar con un optometrista. También puede darse el caso de que presente moco que obstruye continuamente alguno de los conductos auditivos y eso nos ofrecerá respuestas condicionadas de lateralidad auditiva, puesto que, habitualmente, será dominante el oído mejor ventilado. En estos casos, es necesario pautar un tratamiento específico para el moco y descartar intolerancias alimentarias entre otros.

EXPLORACION GRÁFICA

A la hora de evaluar la respuesta gráfica, observaremos la calidad y destreza de la pinza escribana al agarrar el lápiz, el trazo, la grafomotricidad y la direccionalidad de letras y números.

Cabe destacar que, en el caso de que el niño realice la pinza excesivamente desde la punta, eso puede llegar a condicionar la dominancia visual por no ver con ambos ojos lo que escribe sino únicamente con uno.

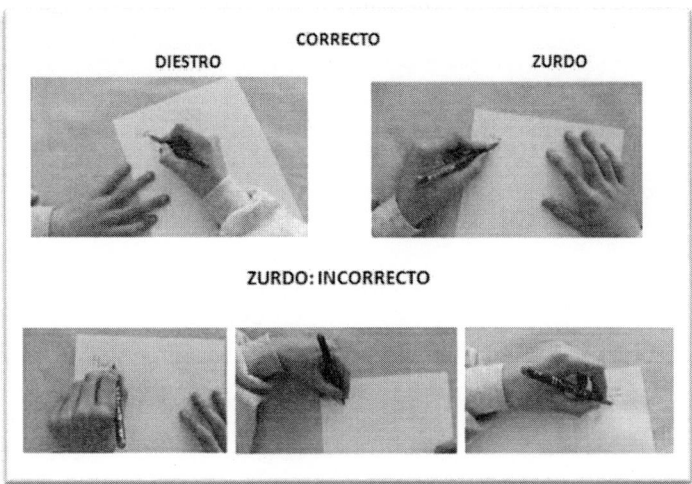

Las pruebas de competencia bimanual nos ayudan a comparar, no sólo el agarre del lápiz con cada una de las manos, sino la organización y direccionalidad predominante. Pediremos al niño que escriba números con ambas manos a la vez mientras se los vamos dictando a un ritmo rápido.

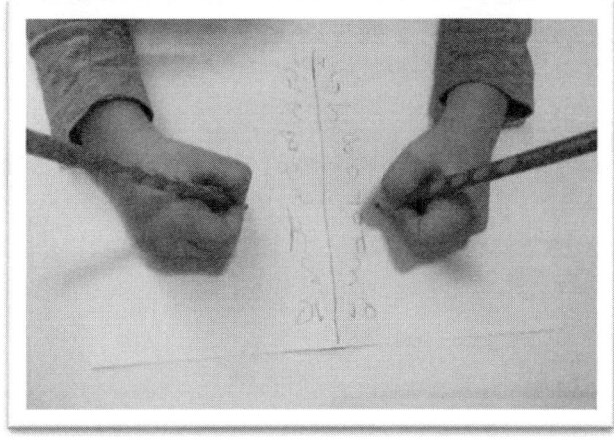

Un niño diestro bien organizado no debe realizar inversiones en el campo derecho, independientemente de cómo organice el campo izquierdo. En el caso del niño zurdo, debe organizar correctamente el campo izquierdo, independientemente de cómo organice el derecho.

Veamos algunos ejemplos:

Esta imagen muestra la respuesta correcta en el caso de un niño diestro que organiza correctamente el campo derecho, pero comete inversiones en el izquierdo:

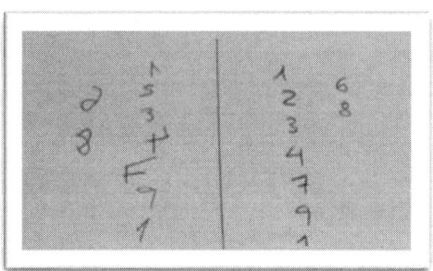

La siguiente imagen corresponde a un niño zurdo bien organizado, puesto que no aparecen inversiones en el campo izquierdo, independientemente de cómo organice el derecho. Hay que destacar que, en el caso de los niños zurdos, a los 6 años, todavía pueden realizar inversiones en el campo izquierdo porque todavía no existe una completa adaptación a la direccionalidad diestra y ofrecen su respuesta natural que sería con los números invertidos.

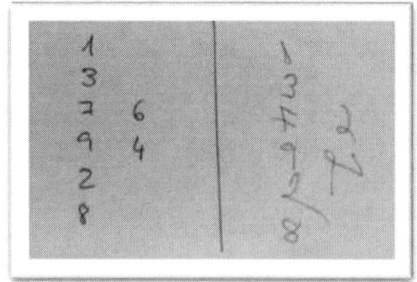

En los casos de lateralidad contrariada, podemos observar cómo aparecen inversiones en el lado que utiliza de forma habitual, mientras que organiza correctamente el lado contrario.

Otra prueba gráfica son los dibujos asimétricos. Observaremos la orientación de dibujos como una cara de perfil, una bota, un avión, un pez, un palo de golf, un paraguas, etc. El niño diestro los organiza hacia la izquierda y el niño zurdo hacia la derecha. Cuando el niño todavía no tiene una correcta organización lateral, dibujará algunos hacia la derecha y otros hacia la izquierda.

Veamos unos ejemplos.

Direccionalidad diestra:

Direccionalidad zurda:

No obstante, es posible que los zurdos adaptados ya a la cultura diestra modifiquen la direccionalidad de sus dibujos y los realicen como un diestro.

EXPLORACIÓN MANUAL EPICRÍTICA

Para explorar la dominancia manual en actividades de motricidad fina, es necesario que ambas manos participen activamente. En ocasiones, observamos niños que trabajan con una mano debajo del pupitre, lo que indica una respuesta monolateral con un probable bloqueo del lado no incorporado. Por ello, para que las pruebas de diagnóstico de la lateralidad sean válidas, ambas manos deben intervenir.

Podemos realizar pruebas con material diverso, tanto monomanuales como bimanuales. Es importante distribuir las piezas por toda la superficie de la mesa, en ambos campos visuales, para observar si el niño responde de manera alternante según la posición del objeto o si cruza la línea media para utilizar su mano dominante.

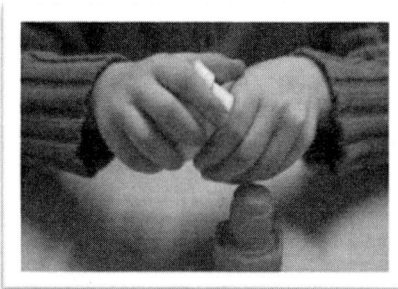 

Es fundamental repetir la exploración y no basarnos únicamente en una primera respuesta. Además, es más relevante valorar la preferencia espontánea en actividades naturales que en aquellas influenciadas por factores culturales, como el uso de cubiertos, lápices o tijeras.

Podemos repetir la exploración induciendo el uso de la otra mano y comparar la diferencia de destreza y habilidad entre ambas manos.

Algunas actividades útiles para esta evaluación incluyen:

- Pegar pegatinas
- Barajar y repartir cartas
- Juegos de construcción
- Lanzar un dado
- Colocar pinzas en una cuerda
- Hacer y deshacer un lazo
- Rasgar papel
- Usar tijeras
- Lanzar una peonza
- Jugar a las canicas
- Ensartar cuentas en un collar
- Coger bolitas con una pinza
- Atornillar y desatornillar con las manos
- Utilizar un destornillador o un martillo
- Tapar y destapar botellas
- Sacar punta a un lápiz.

Estas son solo algunas de las actividades que nos permiten observar de manera natural la preferencia manual del niño.

EXPLORACIÓN MANUAL PROTOPATICA

En este caso, también es importante repetir la exploración y no basarnos únicamente en una primera respuesta y comparar la calidad de respuesta entre ambas manos. No nos fijaremos únicamente en la mano que más utiliza, sino en cuál es más eficaz realizando una determinada acción.

Podemos realizar actividades como:

- Sostener un objeto en el aire con la palma de la mano
- Golpear y mantener con la mano un globo en el aire
- Botar una pelota
- Lanzar aros para llegar a un punto concreto
- Jugar a la diana

- Jugar a los bolos
- Golpear un globo con una raqueta de ping pong
- Encestar una pelota
- Interceptar una pelota en el aire
- Señalar
- Juegos de mímica, etc.

Es posible que, cuanto más nos adentremos en el mundo de la lateralidad y ampliemos la exploración, más dudas surjan. Esto es positivo porque, por un lado, indica que estamos detectando con mayor precisión a aquellos niños prelaterales en los que aparecen respuestas alternantes y, por otro, nos dota de prudencia, un aspecto fundamental si consideramos la trascendencia de nuestra decisión y nuestro abordaje.

EXPLORACIÓN PODAL

En primer lugar, para poder evaluar con fiabilidad algunas de las respuestas laterales a nivel podal, es necesario confirmar que el niño es capaz de sostenerse a la pata coja con ambas piernas por igual.

Podemos realizar las siguientes actividades:

- Chutar una pelota intentando apuntar a un sitio concreto, es decir, con precisión
- Dirigir la pelota con los pies mientras avanza caminando o corriendo a un punto concreto, como si quisiera regatear
- Sostener un globo en el aire con el pie
- Dar golpecitos en el aire a un globo con el pie o la rodilla
- Fijarnos en qué pie utiliza para subir y bajar escaleras
- Qué pie lanza para realizar un salto de longitud o altura
- Saltar a la pata coja
- Mantenerse sobre un pie
- Ponerse de pie desde la posición de rodillas o cuclillas.

No aconsejaría evaluar en este apartado la forma de ir en patinete, ya que, frecuentemente, surge la duda de si el pie dominante debe estar sobre la plataforma sosteniendo el cuerpo o debe impulsar el patinete. Realmente, depende de la habilidad y lo automatizado que tenga el hecho de sostener su cuerpo a la pata coja. Si todavía le resulta difícil, utilizará preferentemente su pie dominante para sostenerse sobre la plataforma. Si ya lo tiene muy integrado y automatizado, utilizará el pie dominante para impulsarse con habilidad y fuerza.

Este apartado no tiene tanta repercusión a nivel académico como la lateralidad manual, auditiva o visual, pero si lo exploramos para obtener el perfil lateral completo.

EXPLORACIÓN AUDITIVA

Si bien es cierto que están descritas multitud de pruebas que implican la acción de sostener un objeto para escuchar dentro de él, estas no serían, en mi opinión, las de mayor validez, ya que podría tratarse más de una acción manual de la mano dominante que del oído dominante. Un ejemplo de ello son las pruebas en las que se le pide al niño que escuche a través de un tubo, un vaso o elementos similares. Es fundamental indicarle, previamente, que debe sujetar el objeto con ambas manos. En todo caso, sería mejor pedirle que escuchara a través de una pared o una puerta.

También es importante descartar cualquier problema auditivo antes de determinar la lateralidad auditiva. Para ello, es necesario asegurarse de que ambos oídos ventilan y oyen correctamente y de que ningún tímpano presenta alteraciones.

Las pruebas con mayor fiabilidad son las de escucha dicótica. Estas suelen ser pruebas estandarizadas en las que se utilizan unos auriculares por los que el niño escucha una palabra o una sílaba diferente, pero con sonidos muy similares (casa-cada, poca-boca, etc.) por cada oído y el objetivo es determinar qué palabra oye el niño. A partir de los resultados, se obtiene un perfil con el porcentaje de palabras percibidas por cada oído, lo que permite identificar si la lateralidad auditiva está definida y hacia qué lado.

En la mayoría de los diestros, el oído dominante suele ser el derecho. Sin embargo, en el caso de los zurdos, esta situación no es tan uniforme, ya que algunos, como hemos mencionado, presentan sus áreas del lenguaje en el hemisferio derecho, otros en el izquierdo y algunos tienen una representación bilateral.

Otras pruebas que podemos realizar a modo de *screening* incluyen observar qué oído apoya el niño cuando escucha a través de una pared o una mesa o hacer un ruido por detrás y fijarnos hacia qué lado gira la cabeza para localizar el sonido.

EXPLORACIÓN VISUAL

En este caso, también es muy importante descartar asimetrías funcionales que pueden condicionar la respuesta lateral, como puede ser el caso de un ojo con menor agudeza visual no corregido todavía, un ojo con un estrabismo o una ambliopía. Es decir, es necesario que exista una correcta binocularidad para dar validez a las respuestas.

Para asegurar estos requisitos previos, podemos realizar el siguiente *screening* y derivar al oftalmólogo u optometrista en caso de detectar alteraciones:

- Descartar síntomas como escozor, picor de ojos, lagrimeo o cefalea en aquellas tareas que requieran de un esfuerzo visual.
- Agudezas visuales: Explicadas en las Tablas TDN 3 a 6 años.
- Seguimientos visuales: Esta prueba también está explicada con detalle en el apartado de las Tablas TDN 3 a 6 años. Se trata de seguir un objeto en movimiento en todos los sentidos, horizontal, vertical, diagonales y círculos sin mover la cabeza. A los 6 años, los seguimientos visuales deben ser suaves, automáticos y sin participación de la cabeza.
- Punto próximo de convergencia (PPC): Es la distancia más cercana a la que ambos ojos pueden mantener una convergencia eficaz y ver una imagen única. Mediremos el punto de rotura o punto en el que aparece la visión doble y el punto de recobro o distancia a la que la

visión vuelve a ser única. Esta prueba está explicada con detalle en el apartado de las Tablas TDN 3 a 6 años.

- La velocidad lectora monocular y binocular también nos ayuda a determinar si la binocularidad es correcta. La respuesta correcta sería que ambos ojos deben leer más rápido que cada uno por separado. Este ejercicio lo hacemos contando el número de palabras leídas en un minuto con ambos ojos, tapando un ojo y luego el otro. En los tres casos, el texto debe ser diferente.

Por supuesto, aquellos niños que se tumban o tapan un ojo cuando trabajan sobre papel nos están indicando que no presentan una correcta binocularidad y su defensa ante la visión doble es tapar un ojo.

Es importante destacar que vamos a evaluar la dominancia motora y la sensorial. La dominancia motora se refiere al ojo que dirige los movimientos oculares, controla la fijación, enfoca o apunta y la dominancia sensorial se refiere al ojo que integra y dirige la percepción visual y es fundamental para el procesamiento de la información.

La mayoría de estudios únicamente determinan la dominancia motora y, sin embargo, es imprescindible evaluar ambas porque, además de que la sensorial es fundamental para integrar la información a nivel cerebral, cuando ambas no son acordes, pueden surgir las dificultades.

Obviamente, vamos a detallar un despistaje que podemos realizar de forma sencilla en el aula o en el gabinete, pero siempre que detectemos problemas de función visual, es necesario remitir a un optometrista para la evaluación y el abordaje. Lo mismo ocurre con la ruta auditiva y es que, cuando tengamos dudas sobre audición, escucha o procesamiento auditivo, es necesario remitir al profesional correspondiente.

Algunas de las exploraciones de **dominancia motora** incluyen:

- Agarrar un caleidoscopio con ambas manos y mirar por el agujero. Es importante especificar que deben sujetarlo con ambas manos a la vez para que la mano dominante no condicione la respuesta.

- Coger una cartulina agujereada por el centro con ambas manos a unos 40 cm de la cara y vamos a pedir al niño que mire nuestro entrecejo. De esta manera, podremos evaluar con qué ojo apunta.
- Utilizando un espejo que tapamos a lado y lado con cinta negra, dejamos en el centro una franja de un centímetro libre, le pedimos al niño que lo sostenga como si fuera un libro y que localice la punta de su nariz. Acto seguido, tapamos de forma alternativa un ojo y el otro y le pedimos que nos indique cuando deja de ver su nariz. Cuando tapemos el ojo dominante motor, es cuando va a dejar de ver la punta de su nariz en el espejo.

1 cm

Sería conveniente que las dominancias fueran acordes en las tres pruebas, es la situación ideal.

Para evaluar la **dominancia sensorial**, existen diversas pruebas, pero las más sencillas son:

- El ojo que más rápido lee en lectura monocular, si no existe ningún condicionante, es el ojo dominante sensorial. Cuando la velocidad de la lectura monocular supera la binocular, nos está indicando que existe un problema de binocularidad y, en este caso, es prioritario solventar este problema y volver a evaluar las dominancias una vez solucionado.
- Podemos utilizar una luz y un filtro rojo especial. Le pedimos que mire la luz que está a unos 40 cm y colocamos el filtro rojo delante de un ojo. En primer lugar, debe indicarnos cuántas luces ve. En caso de que vea dos luces, es decir, exista diplopía a esta distancia, nos está indicando que la binocularidad no es correcta y entonces es

necesario que sea revisado por un optometrista y no vamos a proseguir con la exploración lateral. En caso de que únicamente vea una luz, vamos a pasar el filtro rojo, alternativamente, de un ojo al otro manteniéndolo, aproximadamente, un segundo en cada ojo y no más. Le pediremos que nos indique con qué ojo ve una luz roja más intensa, más roja. El ojo que ve una luz roja más intensa es el ojo dominante sensorial.

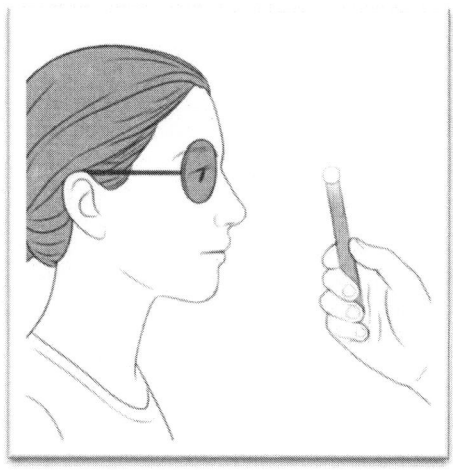

- También podemos pedirle que, mirando la luz a través del filtro y tapando luego el ojo que no lleva filtro, nos indique si la ve más roja o menos tapando el otro ojo. En caso de que la vea más roja, el ojo que lleva el filtro es el dominante. En caso de verla más blanca si tapamos el otro ojo, se trata del ojo no dominante.
- Con unas gafas con filtro verde y rojo, son gafas especiales que se utilizan en terapia visual, podemos mostrarle una luz a unos 40 cm de la cara y preguntarle de qué color la ve y eso nos indicará el ojo dominante sensorial.

En el siguiente capítulo, se presentan las **Tablas Ferré de evaluación preventiva del desarrollo motor y sensorial para niños de 3 a 6 años (TDN 3-6 años).** Estas tablas tienen como objetivo proporcionar una herramienta práctica para llevar a cabo una exploración preventiva, permitiendo identificar de forma temprana aquellos casos que puedan requerir una evaluación individualizada o una intervención especializada.

Se incluye un test específico para cada edad (3, 4, 5 y 6 años), acompañado de una descripción detallada de las pruebas que lo componen, para facilitar su correcta aplicación e interpretación.

La parte visual ha sido supervisada por Pilar Vergara, optometrista y autora de *Estrabismo y ojo vago: mitos, leyendas y verdades* (Vergara, P., 2020) y *Tanta inteligencia, tan poco rendimiento* (Vergara, P., 2019).

TDN 3-6: TABLAS FERRÉ DE EVALUACIÓN PREVENTIVA DEL DESARROLLO MOTOR Y SENSORIAL DE 3 A 6 AÑOS

Estas tablas han sido registradas con el siguiente número de registro: B-555-20

© 2020 Mª del Mar Ferré Rodríguez

OBJETIVO DE LAS TABLAS

La solicitud más frecuente de los profesionales de la educación que han asistido a nuestros cursos en los tres últimos años ha sido poder contar con una **guía**, unas **tablas de referencia** para objetivar lo que su "sexto sentido" les dice, especialmente cuando algo no va bien en el desarrollo o en el proceso de aprendizaje de alguno de sus alumnos.

Para su utilización, damos por sentado un conocimiento previo de las primeras etapas del **desarrollo neurosensopsicomotor** y de los **requisitos funcionales para el aprendizaje**. Para todos los que necesiten repasar o profundizar en estos conceptos, les remitimos a la bibliografía reseñada.

En un mundo tan cambiante, se hace imprescindible que todos sigamos formándonos, pero, al mismo tiempo, cuanto más sabemos sobre una materia, cuanto más profundizamos en un tema, más aumenta nuestra sensación de responsabilidad y la necesidad de seguir estudiando y aprendiendo. Conceptos como **neuroeducación** están cada vez más presentes en las aulas, nos ayudan a entender cómo aprende el niño, porqué algunos fracasan o porqué un programa de **reeducación** puede reconducir el desarrollo y los procesos de aprendizaje (**neuroplasticidad**). Sin duda alguna, estos conceptos van a tenerse en cuenta en la elaboración de los planes de estudio en un futuro no lejano.

No se trata de sumar una responsabilidad más a las muchas que ya tienen los profesionales de la educación, tampoco de que tengan que hacer un diagnóstico, pero está claro que, muchas veces, son ellos, los educadores infantiles y los maestros, los primeros que alertan de que algo no va bien.

Así pues, **no pretendemos que estas tablas sean un test de diagnóstico**, porque no lo son. El objetivo al integrarlas en este libro es complementar el material y el contenido, ofrecer una ayuda, facilitar una **herramienta** a los profesionales de la educación para **la detección temprana** de los posibles problemas, hacer un despistaje, incluso **con carácter preventivo**, que permitirá ayudar al niño cuanto antes remitiendo al profesional que corresponda para establecer el diagnóstico y prescribir el tratamiento adecuado cuando sea necesario.

A lo largo de los cinco primeros años de vida, el niño, mediante el desarrollo neurosensopsicomotor, activa una serie de estructuras y circuitos que van a ser fundamentales para aprender de forma fácil y motivadora a leer y a escribir.

Durante estos años, cuando el desarrollo es fisiológico, va a desarrollar una correcta simetría, a integrar la línea media, a desarrollar la fase contralateral activando estructuras cerebrales que permiten la correcta integración interhemisférica y, poco a poco, irá madurando estructuras cerebrales, que, más adelante, le permitirán integrar correctamente los aprendizajes y mantener la atención.

Evidentemente, no es el único factor implicado, puesto que también hay que tener en cuenta factores emocionales, la motivación del niño, aspectos biológicos (algunos de los cuales se han tenido en cuenta a la hora de elaborar las tablas, aunque no todos y, por tanto, habrá que considerar también cuando un niño tenga problemas físicos y enferme de forma recurrente), así como el entorno familiar y el sistema pedagógico.

Si aseguramos que el desarrollo sea armónico, será mucho más fácil evitar posibles problemas en el futuro.

Por eso, es fundamental que, en los centros escolares, se pueda realizar una evaluación del desarrollo motor y sensorial para detectar cuanto antes a aquellos niños que no se han desarrollado de forma fisiológica, poder tratarlos y, en la medida de lo posible, evitar futuros problemas académicos.

La nomenclatura utilizada para los ejercicios, así como el tiempo de realización, puede variar según las distintas líneas de terapia y la finalidad con la que se utilicen.

Al finalizar el test por edades, cuentan con una descripción detallada de las pruebas que lo componen. Algunos de estas explicaciones se repiten después de cada test para facilitar su correcta aplicación, interpretación y poder situar al niño/a en su edad evolutiva.

EVALUACIÓN 3 AÑOS

	SÍ Correcto	NO Incorrecto
FÍSICO		
ALINEACIÓN DE PIERNAS		
BOCA CERRADA, RETIENE SALIVA		
MASTICA CORRECTAMENTE		
MOTOR		
VOLTEO TUMBADO EN EL SUELO		
VOLTEO DE PIE		
SALTO CON PIES JUNTOS		
CARRERA (DESPEGA PIES DEL SUELO)		
MONOPEDESTACIÓN ESTÁTICA: 5 SEGUNDOS		
PATRÓN HOMOLATERAL BOCA ABAJO	SIMÉTRICO	ASIMÉTRICO
ÁNGELES EN LA NIEVE	SIMÉTRICO	ASIMÉTRICO
REPTADO	SIMÉTRICO CONTRA /HOMO	ASIMÉTRICO CONTRA /HOMO

	SÍ - Correcto	NO – Incorrecto
GATEO	SIMÉTRICO CONTRA /HOMO	ASIMÉTRICO CONTRA /HOMO
ESCRITURA		
PINZA ESCRIBANA		
FIGURA UNIVERSAL: LÍNEA MEDIA		
GRAFÍA: DIBUJA CÍRCULO Y LÍNEA RECTA VERTICAL		
VISUAL:		
LOS OJOS ESTÁN BIEN ALINEADOS		
DISCRIMINA COLORES, FORMAS, GRANDE-PEQUEÑO		
SEGUIMIENTOS VISUALES (PUEDE PARTICIPAR LA CABEZA)		
AV 0.4-0.5 A 5-6 METROS		
RESUELVE ENCAJES		
AUDITIVO:		
RESPONDE CUANDO LE LLAMAN		
TOLERA BIEN LOS RUIDOS		
UTILIZA UN VOLUMEN CORRECTO DE VOZ		
CONSTRUYE FRASES DE 3-4 ELEMENTOS		

	SÍ - Correcto	No - Incorrecto
IDENTIFICA LA PROCEDENCIA DE UN SONIDO		
RESUELVE CORRECTAMENTE LA PRUEBA DE DISCRIMINACIÓN DE PALABRAS		
TOTAL PUNTOS	**/26**	

Contabilizar las respuestas correctas, dividirlas entre 26 y multiplicar por 100 para obtener el porcentaje de respuestas idóneas:

PUNTUACIÓN;   / 26 * 100 =   %

- > o = a **70%** intervención general (ver **Protocolo de abordaje por grupos de edad**) y evaluación a los 4 meses.

- < **70%** evaluación personalizada para detectar posibles causas, intervención general (ver **Protocolo de abordaje por grupos de edad) y personalizada** y reevaluación a los 2 meses.
    - o En el caso de que, a los 2 meses, persistan valores por debajo de 70%, es necesario realizar una entrevista con los padres, historiar el caso para detectar posibles causas y valorar la derivación al especialista correspondiente.
    - o En el caso de que los valores aumenten y se sitúen por encima del 70%, evaluar a los 3 meses para determinar si se han integrado correctamente los cambios.
- **Atención: Cuando haya dos o más ítems no integrados del apartado auditivo o visual y siempre que exista una alteración en la alineación de los ojos o la agudeza visual,** remitir al especialista correspondiente.

ALINEACIÓN DE PIERNAS: Se trata de observar las piernas para descartar Genu Valgo y Genu Varo.

Genu Valgo   Genu Varo

BOCA CERRADA: Es importante detectar a los niños respiradores orales o con problemas de hipotonía orofacial. En el primer caso, puede indicar un problema de ventilación de vías altas que hay que descartar o tratar y, en el segundo caso, es necesario valorar la causa y trabajar el tono orofacial.

MASTICA CORRECTAMENTE: También nos orienta sobre el tono de la boca, reflejos de deglución y colocación de la lengua.

VOLTEO TUMBADO EN EL SUELO: El niño debe desplazarse tumbado en el suelo, haciendo el movimiento de "rodillo" o de la "croqueta" en los dos sentidos. Los brazos deben estar estirados hacia arriba y las piernas deben participar en el movimiento. Debe intentar no desviar su trayectoria. A los 3 años, le pediremos que lo realice con ojos abiertos y, a partir de los 4 años, con ojos cerrados e intentando no desviar la trayectoria.

VOLTEO DE PIE: De pie, intentando que los pies no salgan de un círculo de unos 40 cm de diámetro (aro, cintas pegadas al suelo, folio de cartulina...) y con los brazos extendidos, debe girar en ambos sentidos. Debe realizar cinco vueltas seguidas en cada sentido sin salirse del espacio marcado en el suelo. A los 3 años, le pediremos que lo realice con ojos abiertos y, a partir de los 4 años, podemos pedirle que lo repita con los ojos cerrados.

SALTO CON PIES JUNTOS: Se trata de saltar con ambos pies a la vez desplazándose hacia adelante y despegando los pies del suelo.

CARRERA: Desplazarse corriendo despegando los pies del suelo.

MONOPEDESTACIÓN ESTÁTICA 5 SEGUNDOS: Debe mantenerse sobre un pie sin desplazarse. Es conveniente alternar ambos pies. A partir de los 5 años, observar qué pie utiliza para mantenerse. Debe mantenerse un número de segundos determinado para cada edad.

- 3 años: 5 segundos
- 4 años: 8 segundos
- 5 años: 9 segundos
- 6 años: 10 segundos
- 7 años: 20 segundos
- 8 años: 30 segundos

PATRÓN HOMOLATERAL BOCA ABAJO: Estirado en el suelo boca abajo, debe flexionar brazo y pierna del mismo lado apoyándolos sobre el suelo. La cabeza debe seguir al brazo, mirar la mano y mantener el codo en ángulo recto. Pasar por línea media con las cuatro extremidades estiradas hacia abajo y volver a realizar el movimiento hacia el lado contrario. Debemos observar si el movimiento de las extremidades de ambos lados es simétrico y si es capaz de sincronizar el movimiento del brazo y la pierna moviéndolos a la vez. Realizar el movimiento completo diez veces.

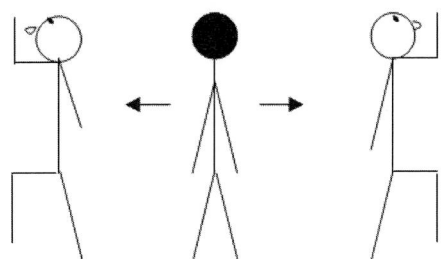

ÁNGELES EN LA NIEVE: Tumbado en el suelo, separar lentamente las cuatro extremidades (piernas y brazos extendidos). Desplazar las extremidades tocando el suelo. Volver con las extremidades a la línea media arrastrándolas por el cuerpo, a la posición de reposo y, luego, hacerlo nuevamente (cinco veces). Repetir la secuencia rítmicamente como si estuviera danzando, lo más simétrico posible. Observar si existe alguna asimetría entre ambos lados.

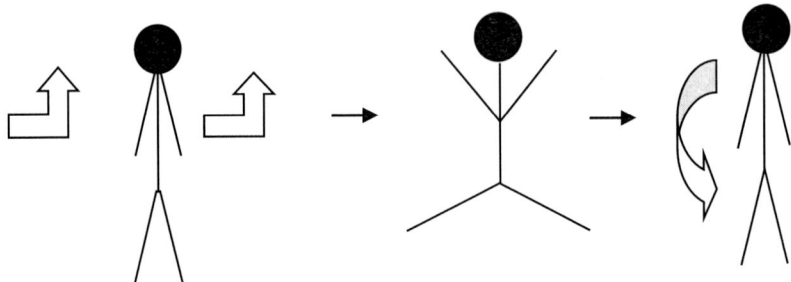

REPTADO: El ejercicio consiste en arrastrarse por el suelo (tórax y abdomen deben mantenerse tocando el suelo) con la mirada dirigida hacia la mano que avanza y luego hacia delante. Cuando se arrastra, ha de hacerlo utilizando las manos, los codos, las rodillas y los pies para incorporar todos los segmentos de su cuerpo. Anotaremos si ya es capaz de realizarlo en coordinación contralateral (avanzando pierna derecha y brazo izquierdo y viceversa) o bien todavía mantiene un patrón homolateral de desplazamiento (avanzando pierna y brazo del mismo lado).

GATEO: Se trata de gatear desplazándose hacia delante. Los pies deben tocar el suelo por el dorso, las manos deben estar desplegadas y apoyadas en el suelo, las rodillas y los pies deben estar bien alineados, como si se desplazara sobre la vía de un tren y la mirada dirigida hacia la mano que avanza y luego hacia delante. Anotaremos si ya es capaz de realizarlo en coordinación contralateral (avanzando pierna derecha y brazo izquierdo y viceversa) o bien todavía mantiene un patrón homolateral de desplazamiento (avanzando pierna y brazo del mismo lado).

PINZA ESCRIBANA: Observar si realiza correctamente la pinza al sujetar el lápiz.

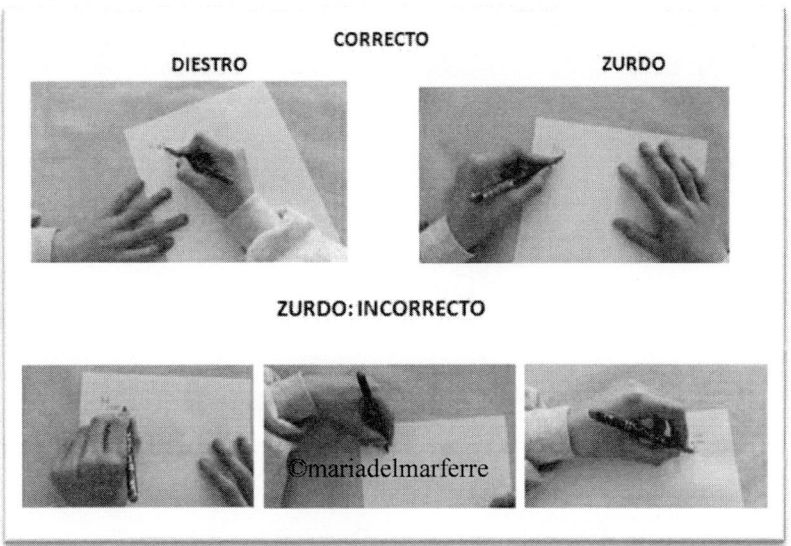

FIGURA UNIVERSAL: El niño debe copiar la siguiente figura:

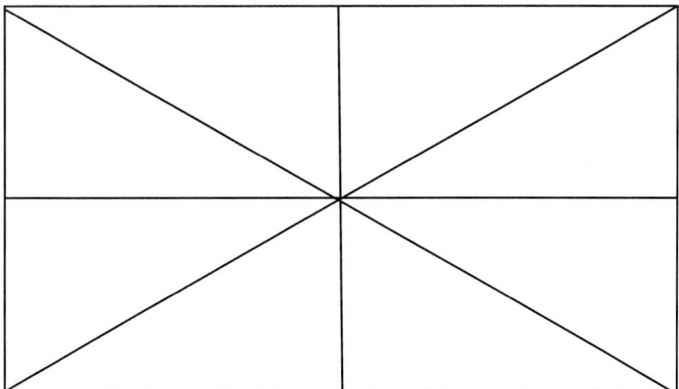

Dependiendo de la edad, debe integrar una serie de líneas:

- 3 años: Observar si ya es capaz de trazar la línea media vertical. El resto de líneas puede organizarlas, a esta edad, como una serie de rayas que confluyen en la línea media.
- 4 años: Observar si es capaz de reproducir la línea media vertical y la línea transversal horizontal cruzando a la anterior. Es posible que

todavía no sepa organizar las diagonales y las dibuje como rayas que van hacia la línea media.

- A partir de 5 años: Ya debe ser capaz de dibujar la línea media vertical, la línea transversal horizontal cruzando a la anterior y las diagonales completas.

GRAFÍA: CÍRCULO: Dependiendo de la edad (especificada en las tablas), debe ser capaz de copiar cada una de las figuras mencionadas. En este caso, a los 3 años, tiene que saber reproducir el círculo.

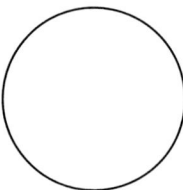

OJOS ALINEADOS: A cualquier edad, debemos observar que no presenta desviación de los ojos.

DISCRIMINA COLORES, FORMAS, GRANDE-PEQUEÑO: A los 3 años, debe diferenciar y nombrar las diferentes formas geométricas (cuadrado, círculo, triángulo), los colores y distinguir entre dos figuras de diferentes tamaños (la grande y la pequeña).

SEGUIMIENTOS VISUALES: Se trata de seguir un objeto o imagen (punta del lápiz, figura o letra) con la mirada en todos los sentidos (horizontal, vertical, diagonales, círculos).

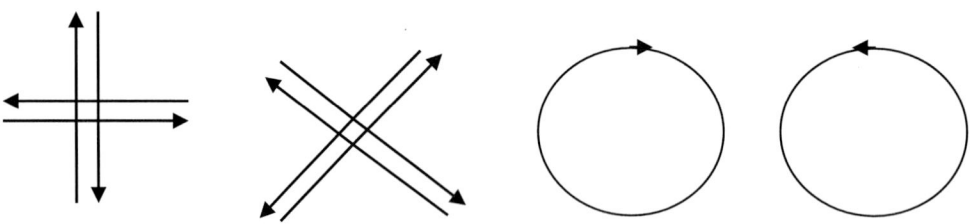

Dependiendo de la edad, puede existir mayor o menor participación de movimiento de la cabeza:

- A los 3 años, es fisiológico que todavía mueva la cabeza cuando sigue con la mirada un objeto en movimiento puesto que los seguimientos visuales están presentes pero son inmaduros todavía.
- A los 4 años, es capaz de inhibir el movimiento asociado de la cabeza durante unos segundos. Si el niño está tumbado en el suelo, es más fácil conseguirlo.
- A los 5 años, puede existir una ligera participación de la cabeza al mover los ojos.
- A partir de los 6 años, valoraremos si es capaz de realizar el movimiento de los ojos sin mover la cabeza y de forma suave y automática, es decir, con demanda cognitiva, como contestar unas preguntas sencillas ("mientras sigues el objeto con la mirada, dime cinco nombres de animales").

AV (AGUDEZA VISUAL): Optotipos adaptados para cada edad para valorar, según la edad, la agudeza visual a una distancia de 5-6 metros en cada ojo por separado:

- A los 3 años, debe ser capaz de ver correctamente 0.4-0.5 a una distancia de 5-6 metros.
- A los 4 años, debe ser capaz de ver correctamente 0.6-0.8 a 5-6 metros de distancia.
- A los 5 años, debe ser capaz de ver correctamente 0.8-0.9 a 5-6 metros de distancia.
- A los 6 años, debe ser capaz de ver correctamente el 100%, es decir, 1.0 a 5-6 metros de distancia.

RESUELVE ENCAJES: Deberá ser capaz de resolver un puzle tipo encaje.

RESPONDE CUANDO LE LLAMAN: No es necesario llamarlo varias veces para que responda o se gire. Es importante valorar si es así tanto en casa como en el aula.

TOLERA BIEN LOS RUIDOS: Se trata de detectar a aquellos niños que presentan una hipersensibilidad auditiva y que, en ambientes ruidosos como el aula, el patio o el gimnasio, se muestran alterados, irritados, molestos, se tapan los oídos, se aíslan o pierden la atención.

VOLUMEN CORRECTO DE VOZ: Se trata de detectar a aquellos niños que utilizan un volumen de voz demasiado elevado, ya que puede ser señal de un problema de hipoacusia o escucha.

FRASES DE 3-4 ELEMENTOS: A los 3 años, debe ser capaz de realizar frases que contengan 3-4 elementos.

IDENTIFICA LA PROCEDENCIA DE UN SONIDO: Es importante que el niño pueda localizar la procedencia de un determinado sonido para poder mantener una correcta atención. En el caso de que no sea capaz, nos indica que tiene dificultades de audición estereoaural y puede indicar alteración unilateral o bilateral de la ventilación, audición y/o escucha.

PRUEBAS DE DISCRIMINACIÓN DE PALABRAS: Pruebas estandarizadas de discriminación auditiva.

EVALUACIÓN 4 AÑOS

	SÍ Correcto	NO Incorrecto
FÍSICO		
BOCA CERRADA, RETIENE SALIVA		
MASTICA CORRECTAMENTE		
MOTOR		
VOLTEO TUMBADO EN EL SUELO CON OJOS CERRADOS		
VOLTEO DE PIE CON OJOS CERRADOS		
CARRERA		
MONOPEDESTACIÓN ESTÁTICA: 8 SEGUNDOS		
SALTO PATA COJA		
SALTO DE LONGITUD		
REPTADO CONTRALATERAL	CONTRALATERAL	HOMOLATERAL
GATEO CONTRALATERAL	CONTRALATERAL	HOMOLATERAL
CRUZA LÍNEA MEDIA MANO-OREJA		

	SÍ - Correcto	NO – Incorrecto
CRUZA LÍNEA MEDIA MANO-MANO		
RECORTA CON TIJERAS		
ESCRITURA		
PINZA ESCRIBANA		
FIGURA UNIVERSAL: CRUCE		
GRAFÍA CÍRCULO - CUADRADO – CRUZ		
VISUAL		
OJOS BIEN ALINEADOS		
ALCANZA UN GLOBO EN EL AIRE		
DISCRIMINA COLORES, FORMAS, GRANDE-PEQUEÑO		
SEGUIMIENTOS VISUALES (ES CAPAZ DE INHIBIR LA CABEZA UNOS SEGUNDOS: ESTIRADO EN EL SUELO)		
AV 0.6 - 0.8 A 5-6 METROS		
REDONDEAR CON TRAZO CONTINUO UNA FIGURA CONCRETA		
TANGRAM CON SOLUCIONES DINA4		

	SÍ – Correcto	No –Incorrecto
AUDITIVO		
IDENTIFICA Y DISCRIMINA DIFERENTES SONIDOS		
RESPONDE CUANDO LE LLAMAN		
TOLERA BIEN LOS RUIDOS		
VOLUMEN CORRECTO DE VOZ		
HACE FRASES DE 4 ELEMENTOS		
IDENTIFICA LA PROCEDENCIA DE UN SONIDO		
PRUEBAS DE DISCRIMINACIÓN DE PALABRAS		
PRUEBA DE DISCRIMINACIÓN FIGURA-FONDO AUDITIVO		
TOTAL PUNTOS	/31	

Contabilizar las respuestas correctas, dividirlas entre 31 y multiplicar por 100 para obtener el porcentaje de respuestas idóneas:

PUNTUACIÓN;   / 31   * 100 =   %

- > o = a **70%** intervención general (ver **Protocolo de abordaje por grupos de edad**) y evaluación a los 4 meses.

- **< 70%** evaluación personalizada para detectar posibles causas, intervención general (ver **Protocolo de abordaje por grupos de edad) y personalizada** y reevaluación a los 2 meses.
  - o En el caso de que, a los 2 meses, persistan valores por debajo de 70%, es necesario realizar una entrevista con los padres, historiar el caso para detectar posibles causas y valorar la derivación al especialista correspondiente.
  - o En el caso de que los valores aumenten y se sitúen por encima del 70%, evaluar a los 3 meses para determinar si se han integrado correctamente los cambios.
- **Atención: Cuando haya dos o más ítems no integrados del apartado auditivo o visual y siempre que exista una alteración en la alineación de los ojos o la agudeza visual,** remitir al especialista correspondiente.

BOCA CERRADA: Es importante detectar a los niños respiradores orales o con problemas de hipotonía orofacial. En el primer caso, puede indicar un problema de ventilación de vías altas, que hay que descartar o tratar y, en el segundo caso, es necesario valorar la causa y trabajar el tono orofacial.

MASTICA CORRECTAMENTE: También nos orienta sobre el tono de la boca, reflejos de deglución y colocación de la lengua.

VOLTEO TUMBADO EN EL SUELO CON OJOS CERRADOS: El niño debe desplazarse tumbado en el suelo, haciendo el movimiento de "rodillo" o de la "croqueta" en los dos sentidos. Los brazos deben estar estirados hacia arriba y las piernas deben participar en el movimiento. Ha de intentar no desviar su trayectoria. A esta edad, le pediremos que lo realice con ojos cerrados e intentando no desviar la trayectoria.

VOLTEO DE PIE CON OJOS CERRADOS: De pie, intentando que los pies no salgan de un círculo de unos 40 cm de diámetro (aro, cintas pegadas al suelo, folio de cartulina...) y con los brazos extendidos, debe girar en ambos sentidos. Debe realizar cinco vueltas seguidas en cada sentido sin salirse del espacio marcado en el suelo. A esta edad, podemos pedirle que lo realice con ojos abiertos y lo repita con los ojos cerrados.

MONOPEDESTACIÓN ESTÁTICA 8 SEGUNDOS: Debe mantenerse sobre un pie sin desplazarse. Es conveniente alternar ambos pies. A partir de los 5 años de edad, observar qué pie utiliza para mantenerse. Ha de mantenerse un número de segundos determinado para cada edad.
- 3 años: 5 segundos
- 4 años: 8 segundos
- 5 años: 9 segundos
- 6 años: 10 segundos
- 7 años: 20 segundos
- 8 años: 30 segundos

SALTO A LA PATA COJA: Desplazarse hacia delante saltando con un solo pie. Es conveniente alternar ambos pies. Podemos anotar qué pierna utiliza o si todavía presenta respuestas alternantes.

SALTO DE LONGITUD: Salto con desplazamiento anterior lanzando una pierna. Podemos anotar qué pierna lanza o si todavía presenta respuestas alternantes.

CARRERA: Corriendo desplazarse despegando los pies del suelo.

REPTADO CONTRALATERAL: El ejercicio consiste en arrastrarse por el suelo (tórax y abdomen deben mantenerse tocando el suelo) con la mirada dirigida hacia la mano que avanza y, luego, hacia delante coordinando la pierna de un lado con el brazo del lado contrario. Cuando se arrastra, ha de hacerlo utilizando las manos, los codos, las rodillas y los pies para incorporar todos los segmentos de su cuerpo. Anotaremos si ya es capaz de realizarlo en coordinación contralateral (avanzando pierna derecha y brazo izquierdo y viceversa) o bien todavía mantiene un patrón homolateral de desplazamiento (avanzando pierna y brazo del mismo lado). Es necesario que pierna y brazo se muevan al mismo tiempo y no en dos tiempos para que sea un movimiento contralateral correcto.

GATEO CONTRALATERAL: Se trata de gatear desplazándose hacia delante coordinando la pierna de un lado con el brazo contrario, moviendo ambas extremidades a la vez y no en dos tiempos. Los pies deben tocar el suelo por el dorso, las manos deben estar desplegadas y apoyadas en el suelo, las rodillas y los pies deben estar bien alineados, como si se desplazara sobre la vía de un tren, y la mirada dirigida hacia la mano que avanza y luego hacia delante. Anotaremos si ya es capaz de realizarlo en coordinación contralateral (avanzando pierna derecha y brazo izquierdo y viceversa) o bien todavía mantiene un patrón homolateral de desplazamiento (avanzando pierna y brazo del mismo lado).

CRUZA LÍNEA MEDIA MANO-OREJA: Le pediremos que se toque con una mano la oreja del lado contrario manteniendo la cabeza en línea media. Comprobar con ambas manos.

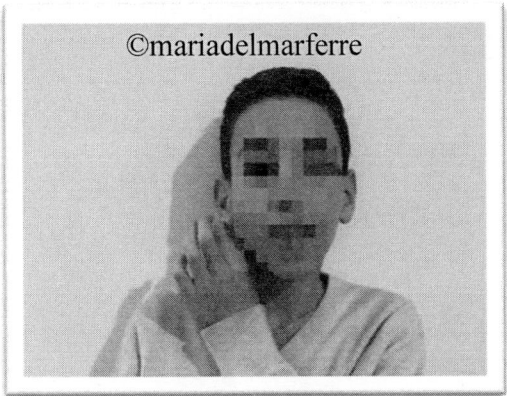

CRUZA LÍNEA MEDIA MANO-MANO: Con una mano cruza línea media hasta tocar la mano del lado contrario, que se encuentra en reposo tocando el cuerpo. Comprobar con ambas manos.

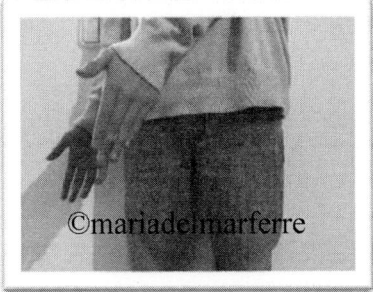 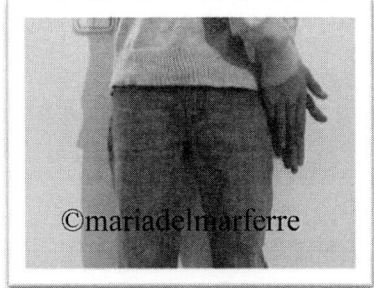

RECORTA CON TIJERAS: Ya es capaz de manejar las tijeras para recortar.

PINZA ESCRIBANA: Observar si realiza correctamente la pinza al sujetar el lápiz.

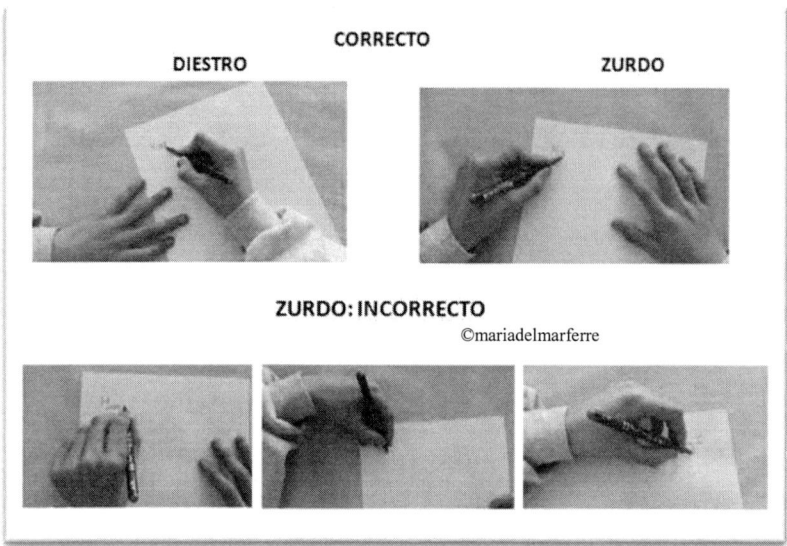

FIGURA UNIVERSAL: El niño debe copiar la siguiente figura:

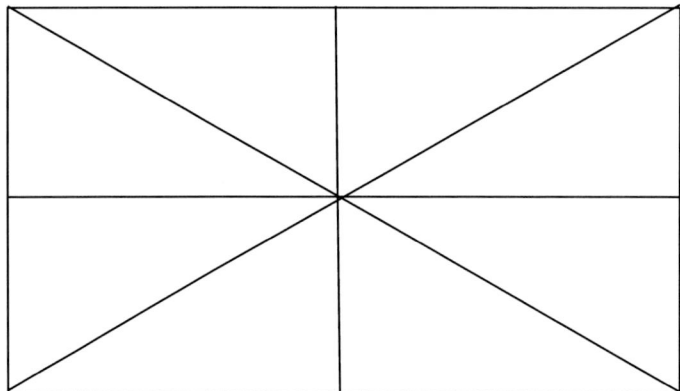

Dependiendo de la edad, debe integrar una serie de líneas:
- 3 años: Observar si ya es capaz de trazar la línea media vertical. El resto de líneas puede organizarlas, a esta edad, como una serie de rayas que confluyen en la línea media.
- 4 años: Observar si es capaz de reproducir la línea media vertical y la línea transversal horizontal cruzando a la anterior. Es posible que

todavía no sepa organizar las diagonales y las dibuje como rayas que van hacia la línea media.

- A partir de 5 años: Ya debe ser capaz de dibujar la línea media vertical, la línea transversal horizontal cruzando a la anterior y las diagonales completas.

GRAFÍA: CÍRCULO, CRUZ, CUADRADO: Dependiendo de la edad (especificada en las tablas), debe ser capaz de copiar cada una de las figuras. A los 4 años ya tiene que ser capaz de reproducir el círculo, la cruz y el cuadrado.

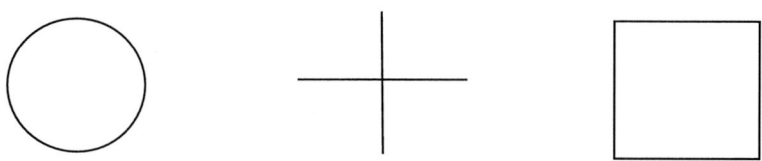

OJOS ALINEADOS: A cualquier edad, debemos observar que no presenta desviación de los ojos.

ALCANZA UN GLOBO EN EL AIRE: Lanzamos un globo y observamos si es capaz de agarrarlo con ambas manos en línea media.

DISCRIMINA COLORES, FORMAS, GRANDE-PEQUEÑO: A partir de los 3 años, debe diferenciar y nombrar diferentes formas geométricas (cuadrado, círculo, triángulo), los colores y diferenciar entre dos figuras de diferentes tamaños (la grande y la pequeña).

SEGUIMIENTOS VISUALES: Se trata de seguir un objeto o imagen (punta de lápiz, figura o letra) con la mirada en todos los sentidos (horizontal, vertical, diagonales, círculos).

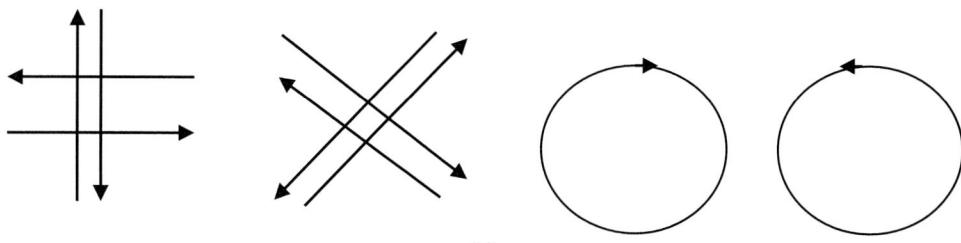

Dependiendo de la edad, puede existir mayor o menor participación de movimiento de la cabeza:

- A los 3 años, es fisiológico que todavía mueva la cabeza cuando sigue con la mirada un objeto en movimiento.
- A los 4 años, es capaz de inhibir el movimiento asociado de la cabeza durante unos segundos. Si el niño está tumbado en el suelo, es más fácil conseguirlo.
- A los 5 años, puede existir una ligera participación de la cabeza al mover los ojos.
- A partir de los 6 años, valoraremos si es capaz de realizar el movimiento de los ojos sin mover la cabeza y de forma suave y automática, es decir, con demanda cognitiva, como contestar unas preguntas sencillas ("mientras sigues el objeto con la mirada, dime cinco nombres de animales").

AV (AGUDEZA VISUAL): Optotipos adaptados para cada edad para valorar, según la edad, la agudeza visual a una distancia de 5-6 metros en cada ojo por separado:

- A los 3 años, debe ser capaz de ver correctamente 0.4-0.5 a una distancia de 5-6 metros.
- A los 4 años, debe ser capaz de ver correctamente 0.6-0.8 a 5-6 metros de distancia.
- A los 5 años, debe ser capaz de ver correctamente 0.8-0.9 a 5-6 metros de distancia.
- A los 6 años, debe ser capaz de ver correctamente el 100%, es decir, 1.0 a 5-6 metros de distancia.

REDONDEAR UNA FIGURA CONCRETA EN UNA FICHA: En un texto (en el caso de los niños que ya hayan empezado la lectura) o en un folio con diferentes imágenes, debe ser capaz de trazar una línea y realizar un círculo alrededor de una letra concreta o una imagen concreta.

Le pedimos que realice un trazo continuo rodeando la letra 'e', por ejemplo.

RESUELVE TANGRAM CON SOLUCIONES DINA4: Debe ser capaz de copiar una figura de Tangram viendo soluciones que dibujamos en un folio. También puede copiar figuras que realizamos con bloques lógicos.

IDENTIFICA Y DISCRIMINA DIFERENTES SONIDOS: Pruebas estandarizadas de discriminación auditiva.

RESPONDE CUANDO LE LLAMAN: No es necesario llamarlo varias veces para que responda o se gire. Es importante valorar si esto es así tanto en casa como en el aula.

TOLERA BIEN LOS RUIDOS: Se trata de detectar a aquellos niños que presentan una hipersensibilidad auditiva y que, en ambientes ruidosos como el aula, el patio, etc. se muestran alterados, irritados, molestos, se tapan los oídos, se aíslan o pierden la atención.

VOLUMEN CORRECTO DE VOZ: Se trata de detectar a los niños que utilizan un volumen de voz demasiado elevado, ya que puede ser señal de un problema de ventilación, hipoacusia o escucha.

FRASES DE 4 ELEMENTOS: A los 4 años, debe ser capaz de realizar frases que contengan 4 elementos.

IDENTIFICA LA PROCEDENCIA DE UN SONIDO: Es importante que el niño pueda localizar la procedencia de un determinado sonido para poder mantener una correcta atención. En el caso de que no sea capaz, nos indica que tiene dificultades de audición estereoaural y puede indicar alteración unilateral o bilateral de la ventilación, audición y/o escucha.

PRUEBAS DE DISCRIMINACIÓN DE PSEUDOPALABRAS: Pruebas estandarizadas de discriminación auditiva. Este apartado valora la respuesta discriminativa con mayor participación de hemisferio izquierdo.

FIGURA-FONDO AUDITIVA: Pruebas estandarizadas. Se trata de identificar, discriminar y ser capaz de seleccionar una palabra determinada con un ruido de fondo. Cuando existen dificultades para resolver esta prueba, pueden existir problemas atencionales y de comprensión en un aula o en un ambiente muy ruidoso.

EVALUACIÓN 5 AÑOS

	SÍ Correcto	NO Incorrecto
MOTOR Y LATERALIDAD		
TANDEM CON OJOS ABIERTOS		
MONOPEDESTACIÓN ESTÁTICA: 9 SEGUNDOS		
LATERALIDAD MANUAL	DEFINIDA / CUÁL	ALTERNANTE
LATERALIDAD PODAL	DEFINIDA / CUÁL	ALTERNANTE
HA DESAPARECIDO LA BILATERALIDAD		
PASO DEL TAMBOR	CONTRALATERAL AUTOM */ NO AUTOM	HOMOLATERAL
PASO DEL SOLDADO	CONTRALATERAL AUTOM */ NO AUTOM	HOMOLATERAL
OPOSICIÓN DEL PULGAR		
ESCRITURA Y DIRECIONALIDAD		
FIGURA UNIVERSAL COMPLETA		
GRAFÍA: CÍRCULO - CUADRADO - CRUZ – DIAGONAL		

	SÍ – Correcto	NO - Incorrecto
ORDENACIÓN IZQUIERDA-DERECHA: LECTURA DE FICHAS		
ORDENACIÓN IZQUIERDA-DERECHA: HISTORIAS TEMPORALES		
VISUAL		
DOMINANCIA VISUAL	**DEFINIDA / CUÁL**	**ALTERNANTE**
ATENCIÓN VISUAL 7-10 SEGUNDOS EN UN PUNTO		
SEGUIMIENTOS VISUALES CON PARTICIPACIÓN LIGERA DE LA CABEZA		
SACÁDICOS A 20 CM, MANTIENE 5 SEGUNDOS		
AV 0.8 - 0.9 A 5-6 METROS		
PPC: PR 6-7 CM		
TANGRAM CON SOLUCIONES		
AUDITIVO		
IDENTIFICA Y DISCRIMINA FONEMAS		
LATERALIDAD AUDITIVA	**DEFINIDA / CUÁL**	**NO DEFINIDA**
DISCRIMINACIÓN FIGURA-FONDO AUDITIVO		

	SÍ - Correcto	NO - Incorrecto
DISCRIMINACIÓN PSEUDOPALABRAS		
RESPONDE CUANDO LE LLAMAN		
COMPRENDE CORRECTAMENTE LAS CONSIGNAS AUDITIVAS		
UTILIZA UN VOLUMEN CORRECTO DE VOZ		
UTILIZA 3 TIEMPOS VERBALES		
IDENTIFICA LA PROCEDENCIA DE UN SONIDO		
REPRODUCE TODOS LOS FONEMAS (todavía puede costarle la "rr")		
TOTAL PUNTOS	**/29**	

Contabilizar las respuestas correctas, dividirlas entre 29 y multiplicar por 100 para obtener el porcentaje de respuestas idóneas:

PUNTUACIÓN;   / 29   * 100 =   %

- > o = a **70%** intervención general (ver **Protocolo de abordaje por grupos de edad**) y evaluación a los 4 meses.

- < **70%** evaluación personalizada para detectar posibles causas, intervención general (ver **Protocolo de abordaje por grupos de edad) y personalizada** y reevaluación a los 2 meses.

o En el caso de que, a los 2 meses, persistan valores por debajo de 70%, es necesario realizar una entrevista con los padres, historiar el caso para detectar posibles causas y valorar la derivación al especialista correspondiente.

o En el caso de que los valores aumenten y se sitúen por encima del 70%, evaluar a los 3 meses para determinar si se han integrado correctamente los cambios.

- **Atención: Cuando haya dos o más ítems no integrados del apartado auditivo o visual y siempre que exista una alteración en la alineación de los ojos o la agudeza visual,** remitir al especialista correspondiente.

En el caso de que evaluemos a un niño de 5 años por primera vez, evidentemente, tendremos que tener en cuenta y valorar los aspectos físicos comentados en los test de 3 y 4 años. No se vuelven a integrar en este test teniendo en cuenta que, probablemente, a esta edad ya lo hemos evaluado anteriormente.

TANDEM OJOS ABIERTOS: Se trata de caminar por una línea marcada en el suelo (de 10 cm de anchura) con un pie delante del otro, los pies deben estar apoyados completamente en el suelo y tocarse entre sí. Ha de ser capaz de mantener el equilibrio y la línea recta. Inicialmente, puede mirar los pies, pero más adelante, a los 6 años, le pediremos que lo haga mirando al frente y con los ojos cerrados.

MONOPEDESTACIÓN ESTÁTICA 9 SEGUNDOS: Debe mantenerse sobre un pie sin desplazarse. Es conveniente alternar ambos pies. A partir de los 5 años, observar qué pie utiliza para mantenerse. Ha de mantenerse un número de segundos determinado para cada edad.
- 3 años: 5 segundos
- 4 años: 8 segundos
- 5 años: 9 segundos
- 6 años: 10 segundos
- 7 años: 20 segundos
- 8 años: 30 segundos

LATERALIDAD MANUAL: En el capítulo de exploración, se describe la exploración de la dominancia manual. En este caso, marcaremos si existe una clara tendencia a utilizar uno de los dos lados (sí / no) y, además, podemos indicar el lado dominante para seguir la evolución de sus respuestas. A esta edad, lo correcto sería que hubieran desaparecido las respuestas bilaterales.

DOMINANCIA PODAL: En el capítulo de exploración, se describe la exploración de la dominancia podal. En este caso, marcaremos si existe una clara tendencia a utilizar uno de los dos lados (si / no) y además, podemos anotar el lado dominante para seguir la evolución de sus respuestas.

HA DESAPARECIDO LA BILATERALIDAD: Tras comprobar que ambas manos o pies se encuentran activos, con la misma movilidad y presentes en el campo de trabajo, observamos y anotamos si presenta una clara tendencia a la utilización de una mano o un pie como dominante (movimiento de precisión) y si ha desaparecido la tendencia a alternar la utilización de un lado u otro independientemente del campo de trabajo, de la actividad o de repetir la actividad en varias ocasiones.

PASO DEL TAMBOR: El niño debe andar desplazándose hacia delante y golpeando con una mano la rodilla contralateral. Hemos de observar si es capaz de realizar el paso en un patrón de coordinación contralateral o, por el contrario, todavía lo realiza en monolateral. En el caso de que sepa realizarlo en contralateral, le haremos preguntas sencillas para observar si es capaz de realizarlo de forma automática. En el apartado de abordaje, proporcionamos un enlace con un vídeo explicativo de los ejercicios contralaterales.

PASO DEL SOLDADO: Caminar elevando el brazo derecho mientras avanza la pierna izquierda y viceversa. Debe ser capaz de realizarlo mirando al frente. En el caso de que sepa realizarlo en contralateral, le haremos preguntas sencillas para observar si es capaz de realizarlo de forma automática. En el apartado de abordaje, proporcionamos un enlace con un vídeo explicativo de los ejercicios contralaterales.

FIGURA UNIVERSAL: El niño debe copiar la siguiente figura:

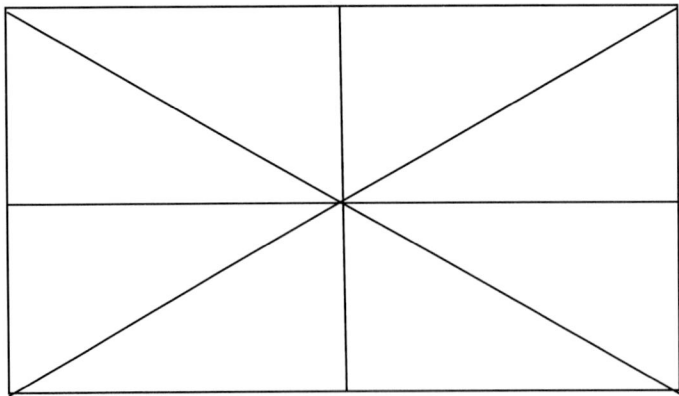

Dependiendo de la edad, debe integrar una serie de líneas:

- 3 años: Observar si ya es capaz de trazar la línea media vertical. El resto de líneas puede organizarlas, a esta edad, como una serie de rayas que confluyen en la línea media.
- 4 años: Observar si es capaz de reproducir la línea media vertical y la línea transversal horizontal cruzando a la anterior. Es posible que todavía no sepa organizar las diagonales y que las dibuje como rayas que van hacia la línea media.
- A partir de 5 años: Ya debe ser capaz de dibujar la línea media vertical, la línea transversal horizontal cruzando a la anterior y las diagonales completas.

GRAFÍA: CÍRCULO, CRUZ, CUADRADO, DIAGONAL: Debe ser capaz de copiar cada una de las siguientes figuras:

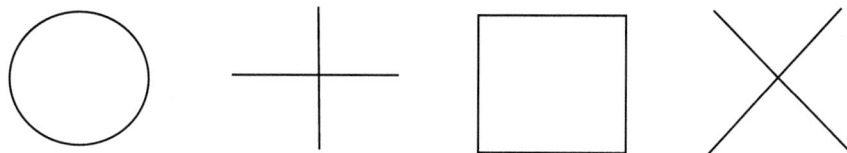

OPOSICIÓN DEL PULGAR: Con el pulpejo del dedo pulgar, debe ser capaz de tocar el pulpejo del resto de dedos. Los dedos han de estar algo flexionados, de manera que formen un círculo entre sí.

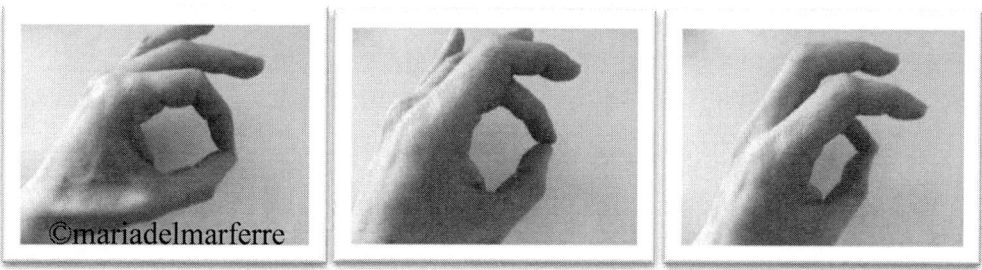

ORDENACIÓN IZQUIERDA A DERECHA: LECTURA DE FICHAS:
Enseñamos al niño cuatro imágenes que debe nombrar y observaremos el orden en que las nombra, si es capaz de hacerlo de izquierda a derecha,

marcamos "si" y si las lee de derecha a izquierda o de forma desordenada marcamos "no".

ORDENACIÓN IZQUIERDA A DERECHA DE HISTORIAS TEMPORALES: Pediremos al niño que ordene y describa unas fichas correspondientes a historias temporales. Observaremos si lo hace de izquierda a derecha y, en este caso, marcamos "si" y, si lo hace de derecha a izquierda o de manera aleatoria, marcamos "no". Podemos observar también qué mano utiliza para anotarlo en el apartado de dominancia manual.

DOMINANCIA VISUAL: Para que la prueba sea válida, debemos valorar la dominancia visual tanto sensorial como motora. En el capítulo de exploración, se describe exhaustivamente la exploración de la dominancia visual.

- Dominancia sensorial: Para esta prueba, tal como ya hemos descrito, son necesarios materiales específicos como un filtro rojo y una luz. En caso de que no se disponga de este material, tendremos en cuenta, únicamente, la dominancia motora, aunque faltaría información relevante.

ATENCIÓN VISUAL 7-10 SEGUNDOS EN UN PUNTO: Debe ser capaz de mirar a un punto concreto (por ejemplo, la punta de un lápiz) durante 7-10 segundos sin perder la atención.

SEGUIMIENTOS VISUALES CON PARTICIPACIÓN LIGERA DE LA CABEZA: Se trata de seguir un objeto o imagen (punta de lápiz, figura o letra) con la mirada en todos los sentidos (horizontal, vertical, diagonales, círculos). A esta edad, debe ser capaz de realizar el ejercicio con ligera participación de la cabeza.

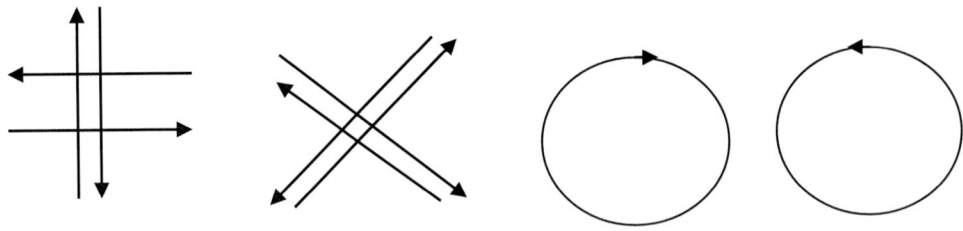

Dependiendo de la edad, puede existir mayor o menor participación de movimiento de la cabeza:

- A los 3 años, es fisiológico que todavía mueva la cabeza cuando sigue con la mirada un objeto en movimiento.
- A los 4 años, es capaz de inhibir el movimiento asociado de la cabeza durante unos segundos. Si el niño está tumbado en el suelo, es más fácil conseguirlo.
- A los 5 años, puede existir una ligera participación de la cabeza al mover los ojos.
- A partir de los 6 años, valoraremos si es capaz de realizar el movimiento de los ojos sin mover la cabeza y de forma suave y automática, es decir, con demanda cognitiva, como contestar unas preguntas sencillas ("mientras sigues el objeto con la mirada, dime cinco nombres de animales").

SACÁDICOS: Colocando dos objetos, por ejemplo dos lápices a 20 cm entre sí, debe ser capaz de mirar de forma alternativa uno y otro. Dependiendo de la edad, ha de ser capaz de realizar los saltos visuales durante un determinado número de segundos sin la participación de la cabeza.

- A los 5 años, debe ser capaz de realizar el movimiento ocular con fijación de 5 segundos y, a veces, con la participación de la cabeza.
- A los 6 años, debe ser capaz de pasar de una línea a la otra de un texto sin saltar o repetir líneas y poder mirar alternativamente dos objetos separados 20 cm entre sí de forma eficiente, sin movimiento de la cabeza y de forma automatizada, es decir, con demanda cognitiva, como responder preguntas sencillas.

AV (AGUDEZA VISUAL): Optotipos adaptados para cada edad para valorar, según la edad, la agudeza visual a una distancia de 5-6 metros en cada ojo por separado:

- A los 3 años, debe ser capaz de ver correctamente 0.4-0.5 a una distancia de 5-6 metros.
- A los 4 años, debe ser capaz de ver correctamente 0.6-0.8 a 5-6 metros de distancia.
- A los 5 años, debe ser capaz de ver correctamente 0.8-0.9 a 5-6 metros de distancia.

- A los 6 años, debe ser capaz de ver correctamente el 100%, es decir, 1.0 a 5-6 metros de distancia.

PPC (PUNTO PRÓXIMO DE CONVERGENCIA): Se utiliza, junto con otras pruebas más específicas, para detectar una insuficiencia de convergencia u otros problemas binoculares.

Partiendo de una distancia de unos 40 cm, se acerca lentamente un objeto o imagen (como la punta de un lápiz, un dibujo pequeño o una letra) hacia la nariz. Comprobar que a 40 cm ve una única imagen.

Debe seguirlo con la mirada y avisarnos en el momento en que empieza a ver la imagen doble (**punto de rotura**). También podemos observar el momento en que pierde la convergencia, es decir, desvía un ojo.

Mediremos la distancia desde la base de la nariz hasta el punto de rotura, que a esta edad, debe ser de 6-7 cm como máximo.

Para determinar el **punto de recobro**, volvemos a alejar el lápiz y nos indicará en qué momento vuelve a ver una única imagen, es decir, restablece la fusión binocular. Esa distancia debe estar a unos 3-4 cm del punto de rotura. Es conveniente realizar esta prueba tres veces seguidas para ver que la distancia del punto de recobro se mantiene o reduce, pero que, en ningún caso, aumenta. Si estos valores están alterados y, además, presenta síntomas de fatiga visual o síntomas al realizar tareas en cerca como visión borrosa, dolor de cabeza, de ojos, visión doble o lagrimeo, debe ser revisado por un especialista.

RESUELVE TANGRAM CON SOLUCIONES: Debe ser capaz de copiar una figura del Tangram viendo las soluciones.

IDENTIFICA Y DISCRIMINA FONEMAS: Es capaz de discriminar y diferenciar los diferentes fonemas, no los confunde ni sustituye.

LATERALIDAD AUDITIVA: Lo conveniente sería realizar pruebas de escucha dicótica. En caso de no disponer de ellas, valoraremos el oído que apoya para escuchar a través de una pared, una mesa o le daremos un objeto que debe sujetar con ambas manos (para evitar el condicionante por la dominancia manual) y escuchar en el interior. Cuando podemos realizar pruebas de escucha dicótica, obtenemos mucha más información.

FIGURA-FONDO AUDITIVA: Pruebas estandarizadas. Se trata de identificar, discriminar y ser capaz de seleccionar una palabra determinada con un ruido de fondo. Cuando existen dificultades para resolver esta prueba, pueden existir problemas atencionales y de comprensión en un aula o en un ambiente muy ruidoso.

PRUEBAS DE DISCRIMINACIÓN DE PSEUDOPALABRAS: Pruebas estandarizadas. Este apartado valora la respuesta discriminativa con mayor participación de hemisferio izquierdo.

RESPONDE CUANDO LE LLAMAN: No es necesario llamarlo varias veces para que responda o se gire. Es importante valorar si esto es así tanto en casa como en el aula.

COMPRENDE CONSIGNAS AUDITIVAS: Cuando le damos una orden o consigna auditiva, no se pierde y es capaz de ejecutarla.

VOLUMEN CORRECTO DE VOZ: Se trata de detectar aquellos niños que utilizan un volumen de voz demasiado elevado, ya que puede ser señal de un problema de hipoacusia o escucha.

3 TIEMPOS VERBALES: Utiliza tres tiempos verbales en su lenguaje habitual.

IDENTIFICA LA PROCEDENCIA DE UN SONIDO: Es importante que el niño pueda localizar la procedencia de un determinado sonido para poder mantener una correcta atención. En el caso de que no sea capaz, nos indica que tiene dificultades de audición estereoaural y puede indicar alteración unilateral o bilateral de la ventilación, audición y/o escucha.

REPRODUCE TODOS LOS FONEMAS: Hasta los 5-6 años, es posible que el niño no sepa pronunciar todavía el fonema "r". A excepción de este, debe ser capaz de reproducir el resto. En caso de que no sea así, puede indicar un problema de audición y/o escucha. Valoración personalizada en los casos de lengua materna extranjera.

EVALUACIÓN 6 AÑOS

	SÍ Correcto	NO Incorrecto
MOTOR		
TANDEM CON OJOS CERRADOS		
MONOPEDESTACIÓN ESTÁTICA: 10 SEGUNDOS		
LATERALIDAD MANUAL	DEFINIDA / CUÁL	ALTERNANTE
LATERALIDAD PODAL	DEFINIDA / CUÁL	ALTERNANTE
LATERALIDAD ESTABLE Y REGULAR	CUÁL	ALTERNANTE
PASO DEL TAMBOR AUTOMÁTICO		
PASO DEL SOLDADO AUTOMÁTICO		
PASO DEL SOLDADO PARANDO EN FIRMES A CADA PASO		
ESCRITURA		
FIGURA UNIVERSAL COMPLETA		
GRAFÍA: CÍRCULO - CUADRADO - CRUZ - DIAGONAL -TRIÁNGULO		
CORRECTA DIRECCIONALIDAD DE LETRAS Y NÚMEROS		

	SÍ - Correcto	NO - Incorrecto
VISUAL		
LECTURA BINOCULAR SUPERIOR A LA MONOCULAR		
DOMINANCIA VISUAL	**DEFINIDA / CUÁL**	**ALTERNANTE**
ATENCIÓN VISUAL 10 SEGUNDOS EN UN PUNTO		
SEGUIMIENTOS VISUALES SIN PARTICIPACIÓN DE CABEZA, SUAVES Y AUTOMÁTICOS		
CAMBIO DE LÍNEA EN LECTURA SIN SALTOS DE LÍNEA NI REPETICIONES		
AV 1.0 A 5-6 METROS		
PPC: PR 6-7		
TANGRAM CON SOLUCIONES Y DE MEMORIA		
AUDITIVO		
ASOCIA FONEMA CON GRAFEMA		
LATERALIDAD AUDITIVA	**DEFINIDA / CUÁL**	**NO DEFINIDA**
PRUEBAS DE RESOLUCIÓN TEMPORAL		
DISCRIMINACIÓN FIGURA-FONDO AUDITIVO		
COMPRENDE CONSIGNAS AUDITIVAS (VARIAS ÓRDENES SEGUIDAS)		

	SÍ - Correcto	NO - Incorrecto
REPRODUCE TODOS LOS FONEMAS		
TOTAL PUNTOS	**/25**	

Contabilizar las respuestas correctas, dividirlas entre 25 y multiplicar por 100 para obtener el porcentaje de respuestas idóneas:

PUNTUACIÓN; ___ / 25 * 100 = ___ %

- \> o = a **70%** intervención general (ver **Protocolo de abordaje por grupos de edad**) y evaluación a los 4 meses.

- **< 70%** evaluación personalizada para detectar posibles causas, intervención general (ver **Protocolo de abordaje por grupos de edad) y personalizada** y reevaluación a los 2 meses.
  - o En el caso de que, a los 2 meses, persistan valores por debajo de 70%, es necesario realizar una entrevista con los padres, historiar el caso para detectar posibles causas y valorar la derivación al especialista correspondiente.
  - o En el caso de que los valores aumenten y se sitúen por encima del 70%, evaluar a los 3 meses para determinar si se han integrado correctamente los cambios.
- **Atención: Cuando haya dos o más ítems no integrados del apartado auditivo o visual y siempre que exista una alteración en la alineación de los ojos o la agudeza visual,** remitir al especialista correspondiente.

TANDEM OJOS CERRADOS: Se trata de caminar por una línea marcada en el suelo con un pie delante del otro, los pies deben estar apoyados completamente en el suelo y tocarse entre sí. Inicialmente, puede mirar los pies, pero, a los 6 años, le pediremos que lo haga mirando al frente y con los ojos cerrados. Debe ser capaz de mantener el equilibrio y la línea recta.

MONOPEDESTACIÓN ESTÁTICA 10 SEGUNDOS: Debe mantenerse sobre un pie sin desplazarse. Es conveniente alternar ambos pies. A partir de los 5 años, observar qué pie utiliza para mantenerse. Ha de mantenerse un número de segundos determinado para cada edad.

- 3 años: 5 segundos
- 4 años: 8 segundos
- 5 años: 9 segundos
- 6 años: 10 segundos
- 7 años: 20 segundos
- 8 años: 30 segundos

LATERALIDAD MANUAL: En el capítulo de exploración, se describe la exploración de la dominancia manual. En este caso, marcaremos si existe una clara tendencia a utilizar uno de los dos lados (sí / no) y, además, podemos indicar el lado dominante para seguir la evolución de sus respuestas. A esta edad, lo correcto sería que hubieran desaparecido las respuestas bilaterales.

DOMINANCIA PODAL: En el capítulo de exploración, se describe la exploración de la dominancia podal. En este caso, marcaremos si existe una clara tendencia a utilizar uno de los dos lados (sí / no) y, además, podemos anotar el lado dominante para seguir la evolución de sus respuestas. A esta edad, lo correcto sería que hubieran desaparecido las respuestas bilaterales.

LATERALIDAD ESTABLE Y REGULAR: Han desaparecido las respuestas alternantes y, además, todas las dominancias son acordes con su dominancia hemisférica y recaen sobre el mismo lado. En caso de que el último punto no se cumpla, anotarlo para poder valorar la evolución y/o tratar en caso de que surgieran dificultades académicas.

PASO DEL TAMBOR AUTOMÁTICO: El niño debe andar desplazándose hacia delante y golpeando con una mano la rodilla contralateral. Debemos observar si puede realizar el paso en un patrón de coordinación contralateral mientras responde preguntas sencillas para comprobar si es capaz de realizarlo de forma automática.

PASO DEL SOLDADO AUTOMÁTICO: Caminar elevando el brazo derecho mientras avanza la pierna izquierda y viceversa. Debe ser capaz de realizarlo mirando al frente. Hemos de observar si puede realizar el paso en un patrón de coordinación contralateral mientras responde preguntas sencillas para comprobar si es capaz de realizarlo de forma automática.

PASO DEL SOLDADO PARANDO EN FIRMES A CADA PASO: Elevar el brazo de un lado y avanzar la pierna contralateral, parar en posición de firmes, mover el otro lado, parar en firmes y así sucesivamente. Cuando sepa realizarlo, comprobar si es capaz de hacerlo de forma automática (correspondería a los 7 años de edad).

FIGURA UNIVERSAL COMPLETA: El niño debe copiar la siguiente figura:

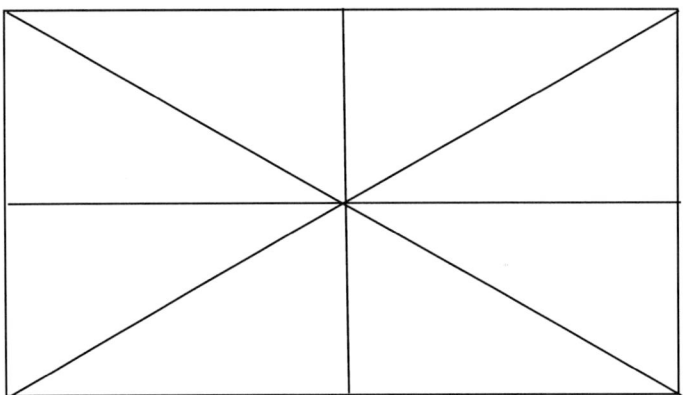

Dependiendo de la edad, debe integrar una serie de líneas:
- 3 años: Observar si ya es capaz de trazar la línea media vertical. El resto de líneas puede organizarlas, a esta edad, como una serie de rayas que confluyen en la línea media.
- 4 años: Observar si es capaz de reproducir la línea media vertical y la línea transversal horizontal cruzando a la anterior. Es posible que

todavía no sepa organizar las diagonales y las dibuje como rayas que van hacia línea media.

- A partir de 5 años: Ya debe ser capaz de dibujar la línea media vertical, la línea transversal horizontal cruzando a la anterior y las diagonales completas.

GRAFÍA: CÍRCULO, CRUZ, CUADRADO, DIAGONAL, TRIÁNGULO: Debe ser capaz de copiar cada una de las figuras descritas.

CORRECTA DIRECCIONALIDAD DE LETRAS Y NÚMEROS: A esta edad, deben haber desaparecido las inversiones a la hora de escribir y leer. En caso de que presente todavía inversiones, es necesario valorar la organización prelateral, su organización lateral y descartar otras causas.

LECTURA BINOCULAR SUPERIOR A LA MONOCULAR: Se trata de realizar tres lecturas de un minuto cada una. El primer minuto, con ambos ojos, el segundo, tapando el ojo izquierdo y, el tercero, tapando el ojo derecho respectivamente. Observar que la velocidad de la lectura con ambos ojos (binocular) es superior a la que presenta cuando lee, únicamente, con un ojo (monocular). En caso de no ser así, deberá ser evaluado por el profesional de la visión.

DOMINANCIA VISUAL: Para que la prueba sea válida, debemos valorar la dominancia visual tanto sensorial como motora. En el capítulo de exploración, se describe exhaustivamente la exploración de la dominancia visual.

- Dominancia sensorial: Para esta prueba, tal como ya hemos descrito, son necesarios materiales específicos como un filtro rojo y una luz. En caso de que no se disponga de este material, tendremos en cuenta, únicamente, la dominancia motora, aunque, faltaría información relevante.

ATENCIÓN VISUAL 10 SEGUNDOS EN UN PUNTO: Debe ser capaz de mirar a un punto concreto (por ejemplo la punta de un lápiz) durante 10 segundos, incluso más, sin perder la atención.

SEGUIMIENTOS VISUALES SIN PARTICIPACIÓN DE CABEZA Y AUTOMÁTICOS: Se trata de seguir un objeto (punta de lápiz, figura o letra) con la mirada en todos los sentidos (horizontal, vertical, diagonales, círculos). A esta edad, debe ser capaz de realizar el ejercicio sin mover la cabeza, los ojos deben moverse suavemente, sin realizar saltos y contestando preguntas sencillas.

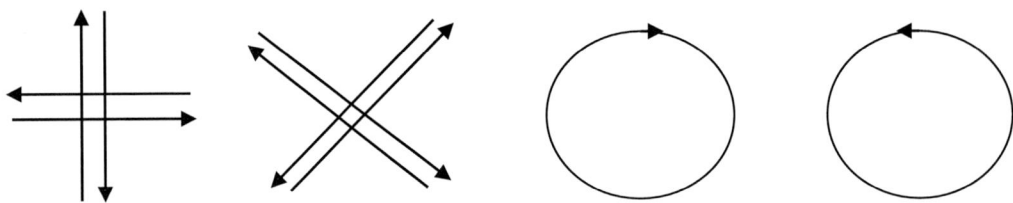

Recordemos que, dependiendo de la edad, puede existir mayor o menor participación de movimiento de la cabeza:

- A los 3 años, es fisiológico que todavía mueva la cabeza cuando sigue con la mirada un objeto en movimiento.
- A los 4 años, es capaz de inhibir el movimiento asociado de la cabeza durante unos segundos. Si el niño está tumbado en el suelo, es más fácil conseguirlo.
- A los 5 años, puede haber ligera participación de la cabeza al mover los ojos.
- A partir de los 6 años, valoraremos si es capaz de realizar el movimiento de los ojos sin mover la cabeza y de forma suave y automática, es decir, con demanda cognitiva, como contestar unas preguntas sencillas ("mientras sigues el objeto con la mirada, dime cinco nombres de animales").

CAMBIO DE LÍNEA EN LA LECTURA SIN SALTOS DE LÍNEA NI REPETICIONES: Debe ser capaz de realizar los movimientos sacádicos de forma correcta, sin participación de la cabeza y automáticos, es decir contestando preguntas sencillas. Además, tenemos que observar que, al leer, cuando cambia de línea, no repite ni salta ninguna línea. Observar si necesita utilizar el dedo para cambiar de línea al leer.

AV (AGUDEZA VISUAL): Optotipos adaptados para cada edad para valorar, según la edad, la agudeza visual a una distancia de 5-6 metros en cada ojo por separado:

- A los 3 años, debe ser capaz de ver correctamente 0.4-0.5 a una distancia de 5-6 metros.
- A los 4 años, debe ser capaz de ver correctamente 0.6-0.8 a 5-6 metros de distancia.
- A los 5 años, debe ser capaz de ver correctamente 0.8-0.9 a 5-6 metros de distancia.
- A los 6 años, debe ser capaz de ver correctamente el 100%, es decir, 1.0 a 5-6 metros de distancia.

PPC (PUNTO PRÓXIMO DE CONVERGENCIA): Se utiliza, junto con otras pruebas más específicas, para detectar una insuficiencia de convergencia u otros problemas binoculares.

Partiendo de una distancia de unos 40 cm, se acerca lentamente un objeto o imagen (como un lápiz, un dibujo pequeño o una letra) hacia la nariz. Comprobar que a 40 cm ve una única imagen.

Debe seguirlo con la mirada y avisarnos en el momento en que empieza a ver la imagen doble (**punto de rotura**). También podemos observar el momento en que pierde la convergencia, es decir, desvía un ojo.

Mediremos la distancia desde la base de la nariz hasta el punto de rotura, que a esta edad, debe ser de 6-7 cm como máximo.

Para determinar el **punto de recobro**, volvemos a alejar el lápiz y nos indicará en qué momento vuelve a ver una única imagen, es decir, restablece la fusión binocular. Esa distancia debe estar a unos 3-4 cm del punto de rotura. Es conveniente realizar esta prueba tres veces seguidas para ver que la distancia del punto de recobro se mantiene o reduce, pero que, en ningún caso, aumenta. Si estos valores están alterados y, además, presenta síntomas de fatiga visual o síntomas al realizar tareas en cerca como visión borrosa, dolor de cabeza, de ojos, visión doble o lagrimeo, debe ser revisado por un especialista.

TANGRAM CON SOLUCIONES Y DE MEMORIA: Debe ser capaz de copiar una figura de Tangram viendo las soluciones (tamaño pequeño) y, posteriormente, repetirla de memoria y sin ver las soluciones.

ASOCIA FONEMA CON GRAFEMA: Es capaz de discriminar y diferenciar los diferentes fonemas, no los confunde ni sustituye y los asocia con la grafía correspondiente.

LATERALIDAD AUDITIVA: Lo conveniente sería realizar pruebas de escucha dicótica. En caso de no disponer de ellas, valoraremos el oído que apoya para escuchar a través de una pared, una mesa o le daremos un objeto que debe sujetar con ambas manos (para evitar el condicionante por la dominancia manual) y escuchar en el interior. Cuando podemos realizar pruebas de escucha dicótica, obtenemos mucha más información.

A esta edad, la dominancia auditiva debería ser estable, bien definida y acorde con su lateralidad hemisférica (en el caso de los diestros, debería dominar el oído derecho. En el caso de los zurdos, la distribución no es tan regular, como ya he explicado en anteriores capítulos). Deberemos tener especial precaución y derivar al profesional correspondiente en caso de un diestro con dominancia auditiva (pruebas de escucha dicótica) sobre oído izquierdo, en el caso de zurdos con problemas de lectura, estructuración del lenguaje, escucha o atención auditiva y también cualquier niño que, a esta edad, no haya definido su lateralidad auditiva.

RESOLUCIÓN TEMPORAL: Pruebas estandarizadas. Se trata de que el niño oiga dos sonidos diferenciados cuando se encuentran separados por un silencio de 10 milisegundos. Esta capacidad es importante para poder separar correctamente las palabras a la hora de escribir.

FIGURA-FONDO AUDITIVA: Pruebas estandarizadas. Se trata de identificar, discriminar y ser capaz de seleccionar una palabra determinada con un ruido de fondo. Cuando existen dificultades para resolver esta prueba, pueden existir problemas atencionales y de comprensión en un aula o en un ambiente muy ruidoso.

COMPRENDE CONSIGNAS AUDITIVAS, VARIAS ÓRDENES SEGUIDAS: Cuando le damos varias órdenes o consignas verbales seguidas, no se pierde y es capaz de ejecutarlas todas.

REPRODUCE TODOS LOS FONEMAS: Hasta los 5-6 años, es posible que el niño no sepa pronunciar todavía el fonema "r". A excepción de éste, debe ser capaz de reproducir el resto. En caso de que no sea así, puede indicar un problema de audición y/o escucha. Valoración personalizada en los casos de lengua materna extranjera.

TRASTORNOS DE LA LATERALIDAD

Una vez realizadas estas pruebas, podemos encontrarnos ante las siguientes situaciones:

- El niño ha organizado **correctamente su lateralidad y esta es homogénea.**
- El niño todavía se encuentra en **fase prelateral y alterna sus respuestas** tanto en la manipulación como a nivel sensorial. Para detectar esta situación, es fundamental repetir cada exploración varias veces y no basarnos únicamente en la primera respuesta. En este caso, como veremos más adelante, es necesario continuar trabajando la integración contralateral para volver a explorar la lateralidad unos meses más tarde. Es necesario organizar una correcta simetría funcional y asegurar una correcta simetría estructural.
- El niño presenta un **cruce lateral viso-manual o audio-manual**. En este caso, tendremos que valorar cuánto afecta su rendimiento, el proceso lector, el aprendizaje instrumental o la atención para determinar si es necesario trabajarlo. En estos casos, es importante determinar la organización lateral general para poder diferenciar un cruce viso-manual (el niño diestro con ojo dominante izquierdo o el zurdo con ojo dominante derecho) o audio-manual (el niño diestro con oído dominante izquierdo) de una lateralidad contrariada (el niño con diseño lateral diestro que escribe con la izquierda o el de diseño lateral zurdo que escribe con la derecha). En el caso de los cruces audio-manuales en diestros, recomendamos valorar la posible causa y ayudarlo a organizar mejor su lateralidad auditiva. En el caso de los zurdos, como ya he mencionado, la distribución no es tan regular y resulta más difícil el abordaje. En el caso de los cruces

viso-manuales, en muchas ocasiones, el hecho de que presente mayor o menor sintomatología va a depender de la capacidad del cuerpo calloso para la integración interhemisférica, de la velocidad de paso de la información entre un hemisferio y el otro. Cuando los cruces viso-manuales se asocian a problemas de función visual o a problemas de lectura, recomendamos trabajarlos y el abordaje requerirá de un trabajo multidisciplinar junto con un optometrista.

- Hay indicios después de la exploración de que el niño **pueda presentar una lateralidad contrariada.** En estos casos, recomendamos máxima prudencia, actuar únicamente si se está muy seguro y, en caso contrario, contar con la participación de un especialista en la materia.

Insistimos de nuevo en que muchos de los test que se utilizan de forma habitual en la evaluación de la lateralidad no indican la necesidad de descartar condicionantes laterales y no especifican que es necesario utilizar ambas manos para agarrar el objeto que hay que llevar al ojo u oído. Ya hemos destacado la importancia de utilizar ambas manos a la hora de llevar un caleidoscopio al ojo o un objeto para escuchar a través de él. En el caso de que no lo especifiquemos, el niño lo va a llevar al lado correspondiente a su mano dominante. Además, destacamos de nuevo la necesidad de repetir cada prueba varias veces para detectar respuestas alternantes.

ABORDAJE DE LOS TRASTORNOS DE LATERALIDAD

Tal como he expuesto anteriormente, resulta conveniente realizar exploraciones preventivas del desarrollo neuro-senso-psicomotriz desde el nacimiento y a lo largo del desarrollo infantil con el fin de anticipar posibles dificultades, detectar asimetrías y evitar vacíos en el proceso evolutivo.

No es el objetivo principal de este libro explicar todos y cada uno de los cambios que se producen entre los 0 y los 3 años, puesto que está extensamente explicado en nuestro libro *Cer0atr3s: Desarrollo neuro-senso-psicomotriz de los tres primeros años de vida* (Ferré Veciana, J. y Ferré Rodríguez, M., 2006), en el que, además de explicar detalladamente todos y cada uno de los cambios que se producen en este periodo, contiene las **Tablas de valoración del nivel de desarrollo neuro-senso-psicomotriz TDN 0-3.**

En línea con este enfoque, comenzaremos este capítulo abordando la intervención preventiva, que se puede realizar a nivel individual o grupal, para luego centrarnos en el tratamiento de las alteraciones en la organización lateral.

ABORDAJE PREVENTIVO

Aunque el tema de este libro sea el abordaje de los trastornos de la lateralidad, hay que tener en cuenta que es fundamental una correcta organización de las etapas prelaterales de los 0 a los 4 años para lograr una correcta organización lateral. Aunque existen muchos otros factores implicados, si logramos simetría corporal y funcional, una buena coordinación contralateral, una correcta activación del cuerpo calloso, una correcta función sensorial tridimensional (binocular y estereoaural), será más fácil prevenir problemas laterales en el futuro. La lateralidad es el final de un recorrido que se inicia años antes. La correcta organización de cada una de las fases de los 0 a los 3 años está extensamente explicada en el libro *Cer0atr3s: Desarrollo neuro-senso-psicomotriz de los tres primeros años de vida* (Ferré, J. y Ferré, M.).

Es fundamental que, durante estas fases de organización prelateral, no se diagnostique prematuramente la lateralidad de un niño ni se condicione el uso de una mano u otra. Durante los primeros años de vida, sería conveniente evitar el uso de fichas y lápices y, en su lugar, continuar trabajando con material manipulativo, plano vertical (como la pizarra), pintura de dedos y actividades de motricidad gruesa.

Estas actividades deben enfocarse en favorecer la simetría funcional, la integración de la línea media, la activación del cuerpo calloso y la organización de patrones contralaterales sólidos.

Durante el desarrollo, no solo debemos supervisar que no existan vacíos de información, sino que también podemos aplicar una serie de ejercicios de neuromotricidad que ayuden a reforzar habilidades motoras y sensoriales fundamentales. El objetivo de estos ejercicios es consolidar y asegurar la integración de las distintas fases del desarrollo: la fase monolateral, la contralateral y la de lateralización.

Con este fin, diseñamos unas coreografías con ejercicios muy específicos y concretos para poder aplicar en las aulas, concretamente en dos escuelas públicas de Alicante. Con esta intervención, logramos enriquecer y mejorar el desarrollo prelateral de todos los niños del grupo, mejorar la organización de cara al inicio de los aprendizajes instrumentales y, a la vez, detectar aquellos niños con mayor dificultad en la psicomotricidad de base y que requerían un abordaje personalizado.

En el proyecto participaron Jorge Moliner, orientador educativo y consultor en BRMT, Juan Fernando Satoca Fernández y Sonia Sánchez López como musicoterapeutas y Rocío Meseguer Pérez en la edición de vídeos.

Las coreografías son una **herramienta para la prevención y estimulación del desarrollo motor y sensorial.** Diseñamos unos **protocolos de abordaje por grupos de edad,** que se pueden revisar en el siguiente enlace:

Las imágenes del enlace son públicas y cedidas por Jorge Moliner

Como observaréis en las coreografías, **a los tres años,** se trata de aplicar ejercicios de relajación, integración de línea media y ejercicios homolaterales que mostramos a continuación:

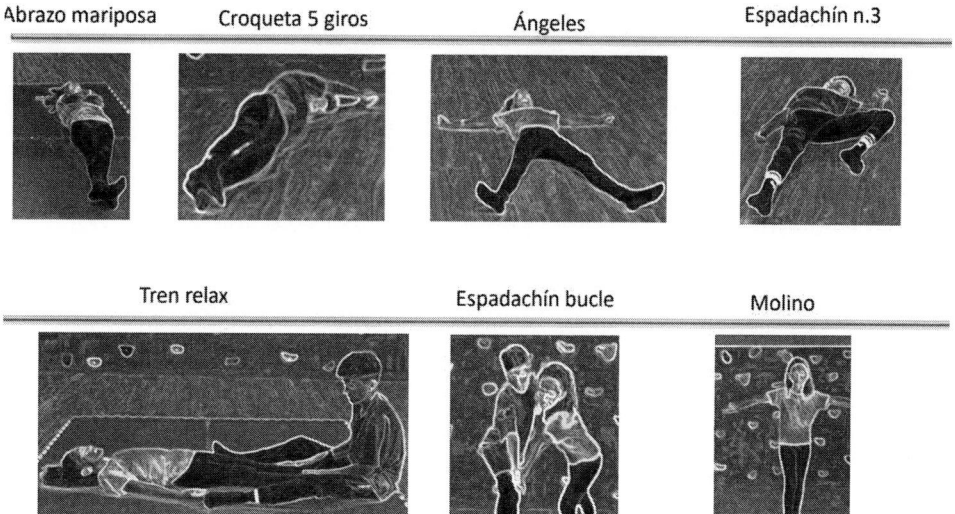

109

- **Abrazo de mariposa:** Se trata de un ejercicio de relajación. Es el primer ejercicio que ponemos en marcha para que los alumnos dispongan de esta herramienta a lo largo de todo el curso, cuando necesiten relajarse.
- **Croqueta cinco giros:** Mediante este ejercicio, estimulamos el eje medio corporal y el sistema vestibular. Los alumnos deben dar giros, cinco a cada lado, tumbados en el suelo y con las extremidades estiradas.
- **Ángeles en la nieve:** Este ejercicio se describe detalladamente más adelante, en el apartado de abordaje individualizado. Desde la posición de tumbados, los niños deben elevar piernas y brazos de forma sincronizada y simétrica, arrastrándolos por el suelo.
- **Espadachín:** Este ejercicio está descrito en el siguiente apartado con el nombre de patrón homolateral estirado en el suelo boca arriba. Los niños deben flexionar y elevar los miembros de un mismo lado a la vez que giran la cabeza para mirar el pulgar del brazo elevado.
- **Tren relax:** Se trata de un ejercicio en el que uno de los alumnos, agarrando los tobillos del otro, realiza un movimiento longitudinal que permite el movimiento suave de todo el cuerpo. El movimiento debe ser rítmico y lento.
- **Espadachín bucle:** Ambos alumnos se encuentran cara a cara y realizan un movimiento homolateral en el que mueven el brazo y la pierna de un lado, dirigiendo la mirada y la cabeza hacia el lado que mueven. Posteriormente, mueven el otro lado.
- **Molino:** Descrito en el apartado de abordaje individualizado como molino de viento. El alumno realiza giros sobre su eje medio dentro de un espacio acotado de unos 40 cm. Puede elevar los brazos. Deberá realizar cinco giros en un sentido y cinco en el otro sentido.

A los 4 años, mantenemos los ejercicios de relajación y refuerzo de línea media, pero introducimos los contralaterales:

Abrazo mariposa	Croqueta 5 giros (ojos cerrados)	Elefante	Gato campante

Espadachín n.3	Tren relax	Molino (ojos abiertos-ojos cerrados)

- **Abrazo de mariposa:** Consideramos que es importante que los niños sean capaces de relajarse y realizar ejercicios de respiración. De hecho, hay estudios que concluyen que una correcta respiración mejora el aprendizaje y la memoria. Por este motivo, mantenemos este ejercicio en todos los cursos.

- **Croqueta 5 giros, ojos cerrados:** A lo largo de este curso, repiten nuevamente el ejercicio de la croqueta tumbados en el suelo, pero con los ojos cerrados, con lo que además de estimular línea media y sistema vestibular, mejora el control propioceptivo.

- **Elefante:** Este movimiento refuerza todavía un patrón homolateral y la simetría en el movimiento. El alumno debe avanzar pierna y brazo del mismo lado en posición de cuatro patas.

- **Gato campante:** Con este movimiento, introducimos ya un patrón contralateral. El alumno debe avanzar pierna derecha y brazo izquierdo a la vez y viceversa con las rodillas apoyadas en el suelo.

- **Espadachín:** Este ejercicio se describe en el apartado de abordaje individualizado como patrón contralateral estirado en el suelo boca arriba. En este caso, eleva el brazo de un lado y la pierna contraria, siempre manteniéndolos apoyados en el suelo. Dirige la cabeza hacia el brazo elevado para mirar al pulgar. Después de pasar por línea media, organiza el mismo movimiento hacia el otro lado.

- **Tren relax:** Se trata del mismo ejercicio rítmico que realizan a los 3 años.
- **Molino:** Introducimos a esta edad la variante con ojos cerrados.

Y, finalmente, **a los cinco años,** reforzamos contralaterales con ejercicios más complejos, empezamos a trabajar direccionalidad y mantenemos ejercicios de refuerzo de línea media y relajación:

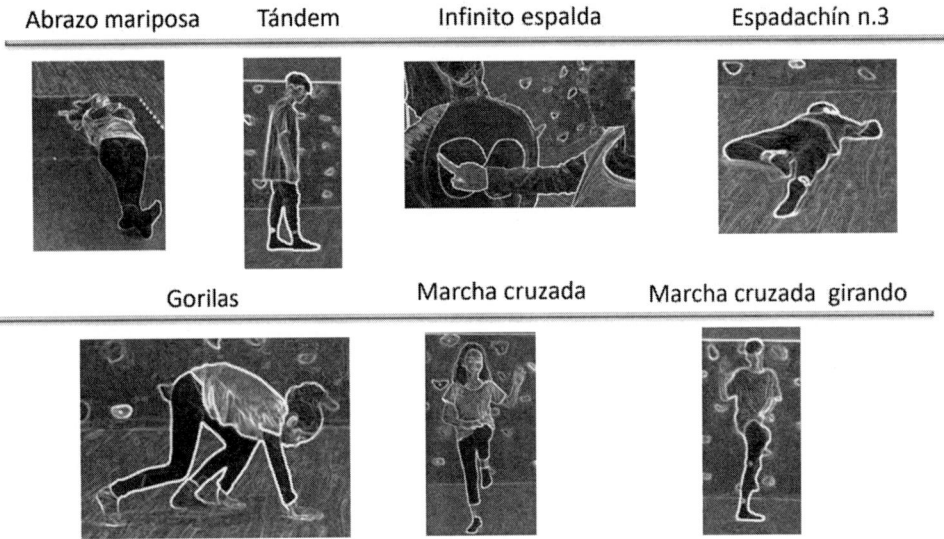

Abrazo mariposa   Tándem   Infinito espalda   Espadachín n.3

Gorilas   Marcha cruzada   Marcha cruzada girando

- **Abrazo de mariposa:** Descrito anteriormente y una herramienta para que el alumno pueda relajarse.
- **Tándem:** Caminar por encima de una línea marcada en el suelo con un pie delante del otro, los pies se tocan entre sí. El alumno refuerza el equilibrio en línea media. Se describe el ejercicio en el apartado de abordaje individualizado con el nombre de Marcha en Tándem.
- **Infinito espalda:** Se trata de realizar el dibujo del 8 tumbado o infinito matemático con la mano dominante en la espalda del compañero. Tal como se describe más adelante, es importante realizar este ejercicio en sentido antihorario cuando se dirige a la izquierda y en sentido horario hacia la derecha, para reforzar la direccionalidad de letras y números.

- **Espadachín:** Mantenemos el mismo movimiento contralateral descrito anteriormente, pero, para introducir una variable, les indicamos que lo deben realizar boca abajo.
- **Gorilas:** Se trata de un movimiento de desplazamiento contralateral, coordinando brazo derecho con pierna izquierda y viceversa, pero con las rodillas elevadas del suelo.
- **Marcha cruzada:** Es el mismo ejercicio que describo seguidamente, en el apartado de abordaje individualizado, como paso del tambor contralateral, en el que el alumno debe golpear con la mano derecha la rodilla izquierda y viceversa.
- **Marcha cruzada girando:** Es el mismo movimiento que en el caso anterior, pero el alumno debe girar sobre su eje medio mientras realiza el movimiento.

A partir de los cinco años, podemos continuar utilizando esta última secuencia de ejercicios. Podemos añadir variantes o introducir patrones contralaterales aumentando el gradiente de dificultad.

ABORDAJE INDIVIDUALIZADO

Cualquier abordaje de los trastornos de lateralidad debe comenzar por asegurar que el niño ha integrado correctamente las fases prelaterales.

Cuando esto no es así y nos demuestra que todavía se encuentra en fase homolateral o presenta dificultades en el control y equilibrio de línea media, deberemos iniciar la terapia realizando ejercicios de estimulación para integrar estos aspectos. Más adelante, aproximadamente a los 3 meses de estar realizando ejercicios, podremos volver a evaluar si ha integrado correctamente los contralaterales, determinar cuál es su organización lateral en ese momento (las respuestas laterales pueden variar después de trabajar las bases prelaterales) y determinar si es necesario trabajarla.

Los programas de terapia partirán desde el momento evolutivo en que surge el problema, es decir, la exploración nos debe guiar para determinar si es necesario remontarnos y reforzar etapas monolaterales alternantes, etapas bilaterales o etapas contralaterales. Esto es importante porque nos permite optimizar los tiempos de terapia.

HOMOLATERAL • Monolateral alterno	DESARROLLO MOTOR Y SENSORIAL MONOLATERAL ACTIVIDAD MONOHEMISFÉRICA	BOCA ARRIBA VOLTEO EN EL SUELO BOCA ABAJO REPTADO CIRCULAR
• Duolateral	DESARROLLO DE LA ACTIVIDAD DUOLATERAL ACTIVACIÓN CUERPO CALLOSO	REPTADO LINEAL ANTERIOR HOMOLATERAL
CONTRALATERAL	INTEGRACIÓN INTERHEMISFÉRICA VISIÓN, TACTO, AUDICIÓN TRIDIMENSIONAL	REPTADO CONTRALATERAL GATEO CONTRALATERAL OSEO CONTRALATERAL VERTICALIZACIÓN

De nuevo destacar que, cuando exista una asimetría estructural, deberemos contar con la participación de un osteópata, puesto que la estructura determina la función y va a resultar mucho más fácil lograr simetría funcional si contamos con una buena simetría estructural.

FASE HOMOLATERAL

Con los ejercicios de la fase homolateral, vamos a reforzar la integración y el equilibrio en línea media, así como la simetría funcional de ambos lados del cuerpo. En aquellas actividades en las que intervengan los dos lados del cuerpo de forma simultánea, es decir, actividades duolaterales, estaremos además reforzando el cuerpo calloso.

El libro *Neuro-psicopedagogía infantil, bases neurofuncionales del aprendizaje cognitivo y emocional* (Ferré Veciana, J., Ferré Rodríguez, M., 2013) contiene más ejercicios que se pueden aplicar, pero he querido describir aquí los más completos de cara a la organización lateral.

- **VOLTEO TUMBADO EN EL SUELO:** Tumbado en el suelo boca arriba, haciendo el movimiento de la "croqueta" en ambos sentidos, intentando no desviarse y con ojos abiertos y cerrados.

- **VOLTEO EN UNA SILLA GIRATORIA:** En una silla giratoria, daremos giros en ambos sentidos lentamente. Cinco giros en cada uno de los dos sentidos. La cabeza debe mantenerse algo inclinada hacia adelante de manera que los ojos y el oído queden a la misma altura.

- **MOLINO DE VIENTO:** De pie, intentando que los pies no salgan de un círculo de unos 40 cm de diámetro y con los brazos extendidos, el niño debe realizar giros en ambos sentidos, cinco hacia cada lado. Luego, repetirá el ejercicio con los ojos cerrados.

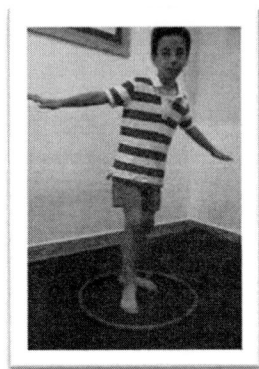

- **MARCHA EN TÁNDEM:** Caminar por encima de una línea marcada en el suelo con un pie delante del otro. El talón del pie delantero debe tocar la punta de los dedos del pie trasero (punta-talón). Deberá caminar hacia adelante y hacia atrás. Cuando sepa realizar el ejercicio, le vamos a pedir que lo realice mirando al frente, a un punto fijo. Finalmente, podemos pedirle que lo realice con ojos cerrados.

- **PATA COJA:** Colocado a la pata coja (sin necesidad de levantar mucho el pie que no toca el suelo, es suficiente elevarlo dos o tres centímetros), mantener el equilibrio con la máxima quietud y en tiempos crecientes, con los ojos abiertos y los ojos cerrados. Alternar las dos piernas. Primero lo haremos con una pierna y después con la otra y, si observamos que con una le cuesta más, lo practicamos más con esa pierna hasta llegar a simetrizarlas.

- **PATRÓN HOMOLATERAL TUMBADO EN EL SUELO BOCA ARRIBA O BOCA ABAJO:** Flexionar brazo y pierna del mismo lado apoyándolos sobre el suelo. La cabeza debe seguir al brazo, el brazo debe estar flexionado a 90 grados por el codo y el niño tiene que mirar su pulgar, manteniendo una distancia mano-cabeza de 20 cm. Es importante pasar por línea media antes de girar hacia los lados. Podemos marcar un ritmo chascando los dedos o con metrónomo, que debe seguir con su movimiento. Al inicio, podemos ayudarle colocando las piernas y, al final, debe ser capaz de realizar el movimiento mientras contesta unas preguntas sencillas.

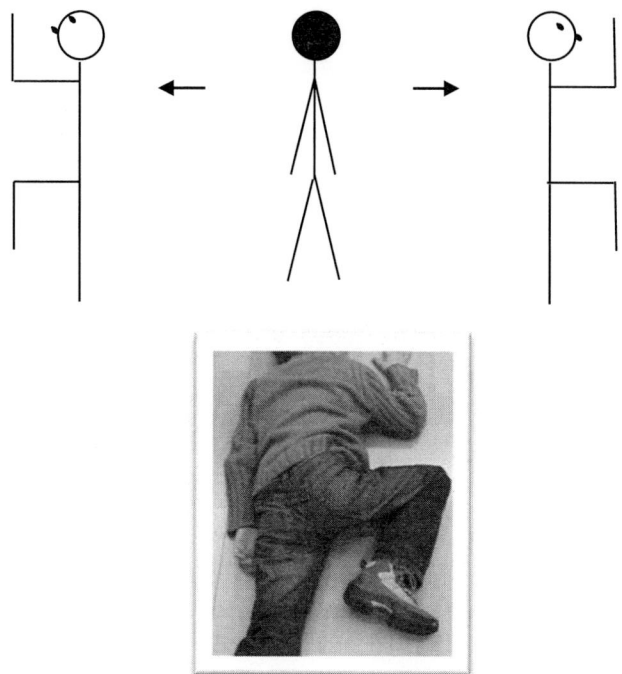

- **FLEXIONAR Y AGARRAR LAS PIERNAS SOBRE EL ABDOMEN:** En posición de boca arriba, el niño flexionará las piernas de manera que pueda agarrarlas y mantenerlas sobre el abdomen. Debe mantener el equilibrio en esta posición durante unos segundos. Podemos realizar balanceos longitudinales o laterales desde esta posición intentando no perder el equilibrio.

FASE DUOLATERAL

Utilizaremos estos ejercicios cuando el problema principal haya surgido en esta fase y no está bien integrada, pero también cuando observamos que un niño se está desarrollando con un lado menos activo, menos incorporado y más bloqueado, con el fin de integrarlo mejor y lograr una correcta simetría o cuando queremos reorganizar una lateralidad contrariada y queremos realizar un desbloqueo progresivo del lado que vamos a activar como dominante.

- **ÁNGELES EN LA NIEVE:** Tumbado en el suelo, separar lentamente ambas piernas hacia los lados e ir elevando al mismo tiempo ambos brazos hasta colocarlos en cruz. Volver a la línea media, a la posición de reposo. Repetir el movimiento de manera rítmica, lo más simétrico posible.

- **REPETIR EL MISMO EJERCICIO DE PIE:** Se trata de dar saltos abriendo las piernas mientras extiende los brazos hacia arriba y volver a la posición original, en posición de firmes.

- **BUCLES SIMÉTRICOS CON AMBAS MANOS A LA VEZ:** Hacer garabatos simétricos con las dos manos a la vez en una pizarra o en el aire. Se trata de mover las dos manos de forma simétrica en espejo, al mismo tiempo que traza grafías gruesas (rayas horizontales, verticales, bucles, líneas quebradas, grandes círculos, etc.)

- **BOTAR UNA PELOTA ALTERNANDO AMBAS MANOS:** Botar una pelota alternando ambas manos, pasando de un lado al otro del cuerpo y botando en la línea media.

- **LANZAR UN GLOBO AL AIRE ALTERNANDO AMBAS MANOS:** Lanzar un globo al aire alternando ambas manos y pasando por línea media. También se pueden utilizar palas de ping-pong y un globo.

- **PRONOSUPINACIÓN DE AMBAS MANOS A LA VEZ SOBRE UNA MESA:** Girar ambas manos a la vez pasando de la palma al dorso de la mano. El antebrazo debe quedar apoyado sobre la mesa y se trata de un movimiento de muñeca únicamente. También puede ser simétrico o alternante.

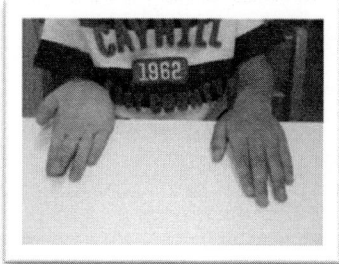 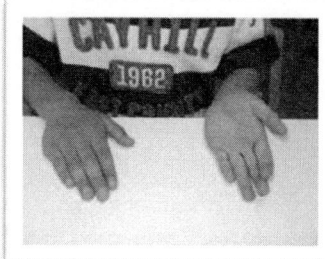

- **TECLEO SOBRE LA MESA CON AMBAS MANOS A LA VEZ:** Las dos palmas de la mano deben estar apoyadas sobre la mesa y el niño ha de teclear como si tocara un piano con ambas manos a la vez en espejo o también de forma simétrica.

- **OPOSICIÓN DE LOS PULGARES CON AMBAS MANOS A LA VEZ:** Se trata de tocar con el pulpejo de la mano derecha el pulpejo del resto de dedos, con ambas manos a la vez, en espejo y de forma simétrica. En los ejercicios manuales descritos, también podemos aumentar el grado de dificultad haciéndolo con ojos cerrados o contestando preguntas cuando ya es capaz de hacerlo correctamente.

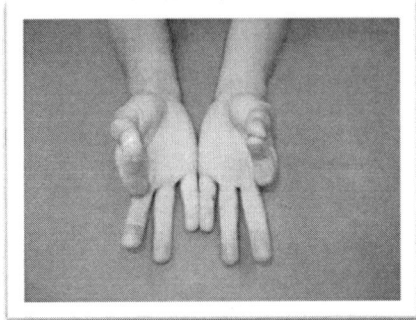

- **EXPLORACIÓN BILATERAL CON AMBAS MANOS A LA VEZ:** El niño debe explorar con ambas manos a la vez en el interior de una bolsa o una caja con dos entradas para localizar, entre varios objetos, dos iguales, uno con cada mano.

- **RITMOS CON AMBAS MANOS A LA VEZ O CON AMBOS PIES A LA VEZ:** Se trata de golpear con las manos o con los pies para seguir un mismo ritmo con cada lado o ritmos diferentes entre ambos lados. Por ejemplo, con las manos debe golpear en la mesa para seguir el ritmo que le marcamos. O bien, con la mano derecha, debe seguir un ritmo con un golpe por segundo, mientras que la izquierda sigue un ritmo con un golpe cada dos segundos.

FASE CONTRALATERAL

Habitualmente, cuando planteamos ejercicios contralaterales, seguiremos un gradiente creciente de dificultad empezando por ejercicios más sencillos, en el orden en que se exponen a continuación. Cada cierto tiempo, variable entre cada niño, pero de forma orientativa cada mes y medio o dos meses, iremos cambiando el ejercicio hasta lograr realizar los más complejos, en este caso, el paso del soldado parando en firmes a cada paso. Además, es recomendable que, antes de pasar al siguiente gradiente de dificultad, el niño sea capaz de realizar el ejercicio de forma automatizada, es decir, contestando preguntas sencillas sin necesidad de parar el movimiento.

Aconsejamos también que, en todos los ejercicios, se integren ritmos que marcamos con palmadas o metrónomo.

Muchos de los ejercicios que describimos en este apartado son utilizados y los hemos descrito en la evaluación.

- **PATRÓN CONTRALATERAL ESTIRADO EN EL SUELO BOCA ABAJO Y BOCA ARRIBA:** Puede realizarse boca arriba y/o boca abajo. El niño debe girar la cabeza hacia la derecha a la vez que levanta el brazo derecho y flexiona la pierna izquierda apoyada en el suelo. El brazo debe estar flexionado a 90 grados, la mano debe quedar a la altura de los ojos para que pueda mirar el pulgar. Antes de pasar al otro lado, es importante pasar por la posición de firmes. Cuando ha integrado correctamente el movimiento, debe seguir realizándolo durante dos meses como mínimo, contestando preguntas sencillas.

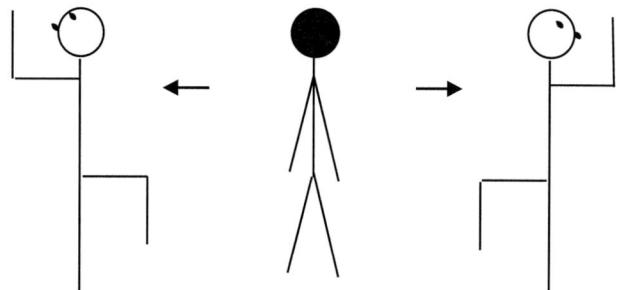

- **ARRASTRADO CONTRALATERAL:** El ejercicio consiste en arrastrarse por el suelo, el tórax y el abdomen deben mantenerse tocando el suelo, en coordinación contralateral con la cabeza dirigida hacia adelante. Deben participar en el movimiento las manos, desplegadas y bien apoyadas, y pies. Cuando sepa realizar el movimiento, aproximadamente al mes del inicio, podemos realizar preguntas que ha de contestar sin parar de moverse para automatizar el arrastrado.

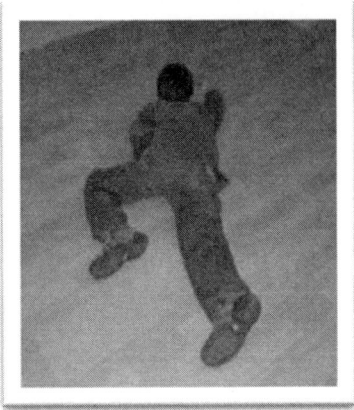

- **GATEO CONTRALATERAL:** Se trata de gatear coordinando los brazos y las piernas en contralateral, es decir, moviendo al mismo tiempo y de forma coordinada el brazo derecho y la pierna izquierda y viceversa. Los pies deben tocar el suelo y las manos deben estar desplegadas y correctamente apoyadas en el suelo. Las rodillas y los pies han de estar bien alineados. Debe gatear hacia adelante y hacia atrás, haciendo que las piernas se levanten y se despeguen del suelo para que utilice la flexión y la extensión de las rodillas, sin hacerlas resbalar. Podemos introducir ritmos como palmadas o con metrónomo y, más adelante, preguntas para automatizar el movimiento.

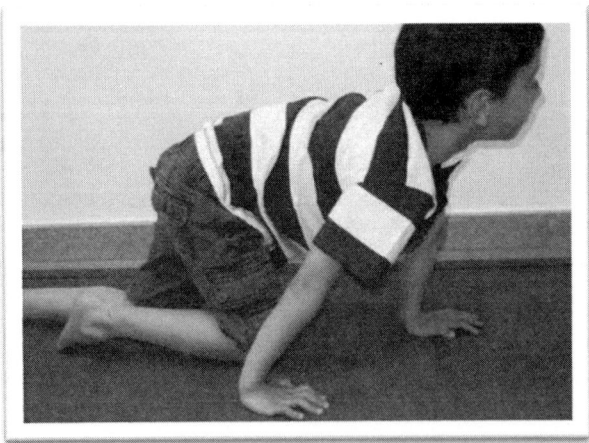

- **GATEO CONTRALATERAL PARANDO EN FIRMES A CADA PASO:** Se trata de gatear coordinando los brazos y las piernas en contralateral, es decir, moviendo al mismo tiempo y de forma coordinada el brazo derecho y la pierna izquierda y viceversa. Los pies deben tocar el suelo y las manos han de estar desplegadas y las rodillas y los pies deben estar bien alineados. Debe avanzar pierna derecha con brazo izquierdo, seguidamente, brazo derecho y pierna izquierda hasta la altura de la otra mano, parar un segundo y continuar avanzando con el mismo lado. Es decir, existe una parada intermedia en cada paso. En este caso, también tenemos que lograr que llegue a automatizar el ejercicio con demanda cognitiva. Se puede realizar el ejercicio apoyando las rodillas y, posteriormente, tal como muestra la imagen, elevando rodillas en posición de oseo.

- **PASO DEL TAMBOR:** El niño debe andar golpeando con la mano la rodilla contralateral. Puede hacerlo con desplazamiento hacia adelante, hacia atrás, sin desplazarse, dando vueltas sobre su eje medio, siguiendo ritmos, siguiendo una música, etc. Y, finalmente, contestando preguntas sencillas.

- **MARCHA DEL SOLDADO CONTRALATERAL:** Inicialmente, puede realizarlo avanzando hacia adelante señalando con el índice de la mano derecha la punta del pie izquierdo y viceversa. Practicarlo hacia delante y hacia atrás, siguiendo ritmos y, cuando ya domina el movimiento, con los ojos cerrados. Posteriormente, haremos el mismo movimiento avanzando hacia adelante, sin señalar el pie y con el brazo extendido hacia adelante. Igual que en los anteriores ejercicios, debe estar bien automatizado antes de pasar al siguiente.

- **MARCHA DEL SOLDADO PARANDO EN FIRMES A CADA PASO**: Elevar el brazo de un lado y avanzar la pierna contralateral, parar en posición de firmes, mover el otro lado, parar en firmes, y así sucesivamente.

- **INFINITO MATEMÁTICO CON LAS DOS MANOS ENTRELAZADAS**: Este ejercicio en un buen activador contralateral, trabajamos con ambas manos entrelazadas, pasando y cruzando línea media y, además, trabajamos los seguimientos visuales y la direccionalidad.

Con las dos manos entrelazadas, sigue el camino que le hemos dibujado (un 8 tumbado, antihorario a la izquierda y horario a la derecha). Cuando ya tiene experiencia y ha interiorizado el movimiento, no necesita el dibujo y lo practicamos cara a cara, en el aire. Le pedimos que siga el movimiento de las manos con los ojos manteniendo la cabeza quieta en la línea media del cuerpo.

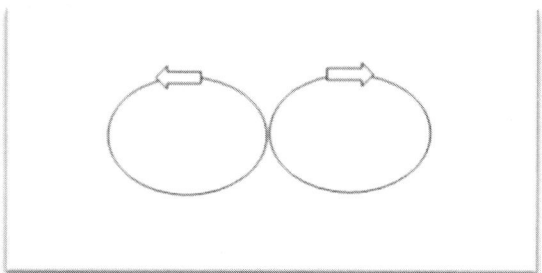

El niño debe realizar estos ejercicios hasta que los tenga correctamente automatizados, es decir, sepa realizarlos siguiendo ritmos, escuchando consignas auditivas, con los ojos cerrados o contestando preguntas. Únicamente entonces, podremos confirmar que las bases prelaterales están bien organizadas y, por tanto, podemos evaluar su lateralidad y pasar a trabajarla en caso necesario.

FASE DE LATERALIDAD: DESBLOQUEO LATERAL DERECHO O IZQUIERDO

La siguiente fase en la que vamos a trabajar, en muchos casos, es el desbloqueo lateral.

Este proceso es necesario cuando el desarrollo del niño ha sido predominantemente monolateral, es decir, ha utilizado mayormente un solo lado del cuerpo, dejando el otro bloqueado. También es fundamental en situaciones de lateralidad contrariada, donde será necesario comenzar a activar uno de los dos lados y actuar de forma muy progresiva. La activación debe hacerse de forma muy gradual, respetando el ritmo del niño y priorizando siempre la integración de actividades manipulativas antes de iniciar las actividades más complejas. Las actividades gráficas deben reservarse para las etapas finales del proceso. En la mayoría de procesos de cambio de mano para la escritura, empezaremos primero por los ejercicios descritos en el apartado de actividades bilaterales, posteriormente, realizaremos las actividades descritas en este apartado para acabar con la activación gráfica progresiva.

El desbloqueo puede ser del lado derecho o el izquierdo, según el diagnóstico lateral final diestro o zurdo respectivamente.

- **EJERCICIOS DE APUNTAR Y LANZAR:** Se trata de realizar ejercicios de lanzamientos con la mano que queremos desbloquear. Podemos utilizar aros, bolos, dianas, pelotas que el niño tiene que encestar o tirar a un punto concreto.

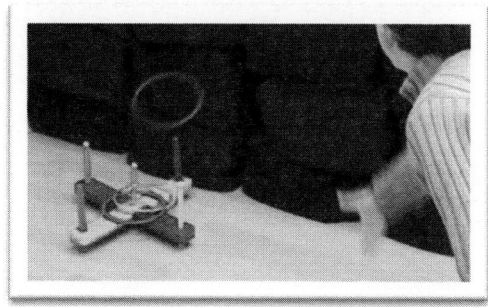

- **INFINITO MATEMÁTICO ÚNICAMENTE CON UN BRAZO:** En esta fase, ya utilizaremos, únicamente, el brazo y la mano que queremos potenciar. El niño debe estirar el brazo, colocar la mano con el pulgar extendido a unos 40 cm de la cara y realizar el movimiento del ocho tumbado o infinito matemático mientras va siguiendo el movimiento del pulgar con la mirada. Es importante que, solamente, mueva el brazo y los ojos mientras la cabeza y el tronco están inmóviles.

- **INFINITO MATEMÁTICO CON EL DEDO ÍNDICE SOBRE LA MESA:** La mano debe quedar apoyada en la mesa, y utilizando el dedo índice, describirá un infinito matemático de unos 5 cm sobre la mesa. Se puede utilizar la siguiente pauta y siempre hay que respetar la direccionalidad que debe ser en sentido antihorario hacia la izquierda y en sentido horario a la derecha. Tanto zurdos como en diestros, deberán empezar el movimiento desde el centro hacia la izquierda.

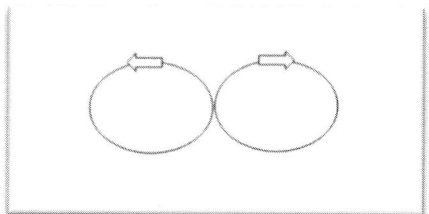

- **TECLEO SOBRE LA MESA CON UNA MANO:** Repetiremos el ejercicio descrito anteriormente, pero, únicamente, con la mano que queremos estimular.

- **OPOSCIÓN DEL PULGAR CON UNA MANO:** Repetiremos el ejercicio descrito anteriormente con la mano que queremos estimular.

- **ARRUGAR Y EXTENDER UN PAPEL:** Se trata de arrugar una hoja de papel con la mano que queremos estimular y desbloquear. Posteriormente, intentará extenderla de nuevo con una sola mano.

- **EXPLORAR CON UNA MANO:** Explorar, identificar y reconocer, con el máximo detalle, con el tacto de la mano que queremos estimular, un objeto colocado dentro de una bolsa de tela o una caja con una apertura lateral. Debe:

  - Nombrarlo

  - Describir sus cualidades

  - Contestar preguntas sobre el objeto

  - Podemos pedirle que lo localice entre varios objetos

  - También podemos colocar una serie de figuras geométricas y pedirle que, mediante el tacto, repita la secuencia dentro de la caja sin verlas.

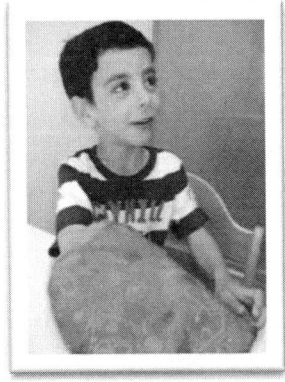

- Cualquier otra actividad lúdica o doméstica que implique manipulación fina será útil: **amasar, pegar pegatinas, canicas, punzón, coger bolitas de papel con unas pinzas, insertar unas bolas de papel en una**

botella, rasgar un papel con los dedos, poner unas pinzas en una cuerda, etc. Estos ejercicios también son importantes para trabajar la pinza escribana. Cuando la pinza es incorrecta, dificulta el movimiento de los dedos para la escritura, repercutiendo sobre la calidad gráfica y, además, en el caso de que el niño pince el lápiz excesivamente desde la punta, va a tapar lo que está escribiendo, lo que le obligará a acercarse excesivamente al plano de trabajo dificultando el correcto trabajo binocular y condicionará la dominancia visual: un diestro que escribe agarrando el lápiz excesivamente desde la punta no ve con el ojo derecho lo que está escribiendo, únicamente, lo ve con el izquierdo. Además, las malas posturas a la hora de trabajar repercuten negativamente en la columna vertebral pudiendo conllevar desviaciones en el futuro.

- **DOMINANCIA PODAL:** La dominancia podal no tiene tanta repercusión a nivel académico, pero, cuando realizamos una terapia para la reorganización de la lateralidad, podemos aplicar también ejercicios para reforzar la pierna y el pie dominantes. Resulta importante asegurar, una vez más, que también a nivel podal cuenta con una simetría estructural y funcional y ha logrado una correcta integración bilateral de ambas piernas. Por ejemplo, es importante asegurar que, si ya ha alcanzado la fase monolateral, es capaz de sostenerse sobre ambas piernas a la pata coja. Si esto es así, podemos realizar ejercicios de activación de la pierna dominante: monopedestación sin desplazamiento, con desplazamiento, saltos de altura, longitud, chutar en el suelo y en el aire.

Resulta muy importante que, en casa, también se acompañe todo este proceso comprendiéndolo y trasmitiendo la máxima seguridad. Le animaremos a que realice las **actividades lúdicas y cotidianas** con la mano dominante, la que estamos estimulando. Estas actividades incluyen cepillarse el pelo, los dientes, comer, cortar con un cuchillo, limpiar con una bayeta, abrir las puertas o las botellas, repartir unas cartas, tirar unos dados o manejar cualquier otro juego de mesa, construir una figura con fichas, mosaicos, peonzas, señalar, hacer punta al lápiz, chutar, saltar, etc. En el caso de niños zurdos, tienen que contar con instrumentos en casa adaptados a su lateralidad.

Si el niño practica **actividades deportivas**, es necesario que las realice con su lado dominante, el que estamos activando. Resulta importante que todas y cada una de las personas que participan en la educación y terapia del niño estén al corriente del proceso que estamos llevando a cabo, lo tengan en consideración y lo apliquen. La comunicación entre todos ellos va a ser fundamental para lograr éxito en la terapia.

Dentro del aula, deberíamos vigilar la ubicación de los niños, sería conveniente la rotación por los diferentes espacios del aula a lo largo del curso, pero teniendo especial cuidado con la ubicación en el caso de los niños zurdos o aquellos que están llevando a cabo una terapia para reorganizar su lateralidad. En el caso de los zurdos, además, debemos facilitarle instrumentos como tijeras o sacapuntas adaptados a su lateralidad. Cuando los niños están siguiendo una terapia para reorganizar su lateralidad, es importante que estén sentados en el centro o, si no es posible, con la pizarra y la profesora o profesor colocados en el lado que estamos estimulando.

FASE DE LATERALIDAD: ACTIVACIÓN GRÁFICA PROGRESIVA

Cuando diagnosticamos una lateralidad contrariada —es decir, un niño con un diseño lateral zurdo que escribe con la mano derecha o uno con un diseño lateral diestro que escribe con la izquierda—, debemos iniciar una activación muy progresiva. Es fundamental no saltarse ninguna fase, ya que eso podría generar inseguridad en el niño.

Al mismo tiempo, hemos de tener en cuenta que, durante este periodo, el niño realizará actividades gráficas con ambas manos. Por ello, es importante organizar y definir la situación lo antes posible. No es conveniente prolongar este proceso durante un año, por ejemplo. Es decir, debemos actuar sin prisa para no bloquear al niño y permitirle ganar seguridad, pero también sin pausa.

En muchas ocasiones, la clave del éxito de esta fase dependerá de que el entorno comprenda y apoye el proceso. Es fundamental que no haya dudas por parte de los adultos, ya que, si estas se transmiten al niño, será muy difícil que el proceso tenga éxito.

Debemos intervenir con los ejercicios que aquí se proponen solo cuando estemos absolutamente seguros del diagnóstico de lateralidad contrariada. Es fundamental actuar con mucha prudencia y realizar una evaluación exhaustiva, como ya se ha explicado, para llegar a un diagnóstico lateral preciso. Esto implica determinar con claridad cuál es el hemisferio dominante y, a partir de ahí, enfocar el trabajo.

Vuelvo a insistir en que **no debemos condicionar el uso de una u otra mano a los 3 o 4 años**, ya que el niño todavía se está definiendo y, de forma fisiológica, puede ir alternando ambas manos. No es infrecuente encontrarnos en la consulta, casos en los que alguien, a la edad de tres años, ha considerado que ya no debía alternar el uso de ambas manos y ha decidido, sin exploración ni diagnóstico previo, qué mano debía utilizar. En cualquier caso, se trata de un error, puesto que, a esta edad, es normal y fisiológico que el niño alterne el uso de ambos lados del cuerpo y ambas manos. Pero, además, en algunos casos, puede que la decisión sea errónea y se organice una lateralidad contrariada.

De la misma manera, cuando vemos un bebé que utiliza preferentemente un lado del cuerpo, no podemos caer en el error de diagnosticar, de forma prematura, su lateralidad. Estaremos ante un desarrollo asimétrico y lo que sí debemos hacer es intentar estimular el lado menos incorporado para lograr la máxima simetría funcional. Recordemos que, para que un niño organice correctamente su lateralidad, previamente, debe organizar una correcta simetría funcional.

Ahora bien, si el niño ya tiene 6 años y sigue alternando el uso de ambas manos para escribir, sí debemos realizar una exploración para ayudarle a organizarse mejor y, en muchos casos, la terapia pasa por organizar mejor las bases prelaterales y volver a valorar la evolución de sus respuestas laterales que, en ocasiones, se habrán organizado de forma espontánea.

Conviene recordar que la lateralidad no se define únicamente por la mano con la que el niño escribe ni por el ojo con el que mira a través de un caleidoscopio. El que es diestro o zurdo es el cerebro y, como consecuencia, también lo son la mano, el ojo, el oído o el pie.

Rara vez se comienza con una activación gráfica inmediatamente después del diagnóstico, salvo en casos muy concretos en los que éste es muy claro, el niño muestra una buena disposición, seguridad en el proceso y simplemente escribe con la mano contraria a su diseño genético, pero el resto de sus funciones están bien organizadas.

En la mayoría de los casos, como ya hemos mencionado, **empezaremos con ejercicios homolaterales** si el problema parte de fases muy tempranas o existe un desarrollo asimétrico, **contralaterales** para activar la sincronía interhemisférica, así como **ejercicios de activación bilateral, descritos en la fase duolateral** y **actividades de desbloqueo lateral, tanto de motricidad gruesa como fina.** Solo después de este trabajo previo, avanzaremos hacia las actividades gráficas.

Es fundamental seguir el esquema propuesto: primero, debemos liberar las articulaciones mayores del brazo antes de centrarnos en los dedos. Por eso, es clave comenzar con actividades en pizarra o papeles de gran tamaño colgados en la pared antes de pasar al trabajo en papel sobre la mesa.

- **DIBUJAR TRAZOS Y CENEFAS EN PIZARRA:** Se trata de dibujar bucles, círculos, trazos rectilíneos horizontales y verticales, líneas zigzagueantes u ondulados, etc.

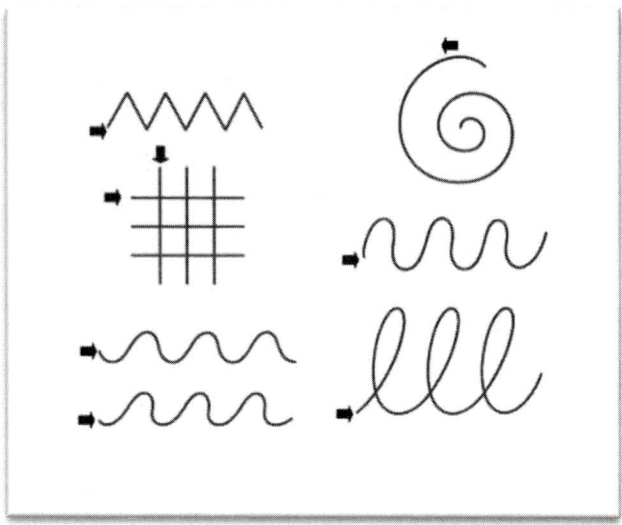

- **DIBUJAR FIGURAS GEOMÉTRICAS EN PIZARRA:** Según el nivel madurativo y la edad, deberá dibujar un círculo, un cuadrado, un triángulo, una cruz, unas diagonales.

- **EJERCICIO DE EXPLORACIÓN CON MANO DOMINANTE Y DIBUJO EN PIZARRA:** Realizaremos el ejercicio descrito anteriormente, en el que el niño explora un objeto que no ve dentro de una bolsa y, posteriormente, le pediremos que lo dibuje en pizarra con la mano a activar con la mayor precisión posible y sin haber visto el objeto.

- **ESCRIBIR NÚMEROS, PALABRAS O FRASES EN PIZARRA:** al cabo de un par de semanas (los tiempos variarán según el niño, la situación y la evolución), le pediremos que añada unos números o escriba el nombre del objeto dibujado. Posteriormente, le pedimos que escriba unas líneas, una pequeña descripción sobre el objeto dibujado.

- **DIBUJAR TRAZOS Y CENEFAS EN PAPEL O CON EL DEDO ÍNDICE SOBRE LA MESA:** Esto permite además trabajar la direccionalidad y la pregrafía. El papel tiene que ser pautado o cuadriculado.

- **DIBUJO DEL OBJETO EXPLORADO EN LIBRETA:** Cuando ya tiene buen dominio del dibujo y escritura en la pizarra, normalmente al cabo de uno o dos meses, pasaremos al papel. Aconsejamos utilizar una libreta específica para esta actividad, puesto que nos permite guardar el material ordenado por cronología a la vez que enseñarle, de vez en cuando, dibujos anteriores y destacar el progreso que está realizando para motivarlo y animarlo. Podemos seguir con el ejercicio de exploración del objeto, pero ahora ya pedimos que el dibujo sea en libreta y que añada tres o cuatro líneas de escritura. Conviene variar la actividad para que no resulte monótona: puede escribir un diario, cartas, ayudar a realizar la lista de la compra, etc.

- **INFINITO EN PAUTA:** Se trata de realizar el ejercicio del infinito matemático de forma gráfica ya. Importante seguir la direccionalidad descrita anteriormente, es decir, antihorario a la izquierda y horario a la derecha. Aconsejamos utilizar la siguiente pauta escribana que, más adelante, utilizaremos para trabajar la grafía, tal como muestra la imagen.

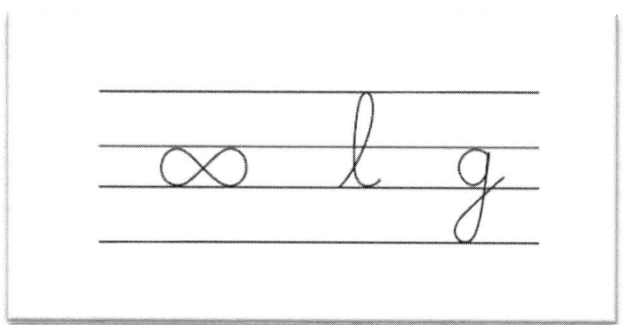

- **DEBERES DE MATEMÁTICAS:** Cuando la velocidad y la calidad de la grafía con la mano estimulada (la dominante) es adecuada, podemos comenzar a realizar deberes utilizando dicha mano. Es recomendable empezar por los deberes de matemáticas, ya que, escribir números, suele resultar más sencillo. Posteriormente, se puede avanzar con las tareas del resto de materias.

- **TODOS LOS DEBERES CON LA MANO DOMINANTE:** Pasado un tiempo, el niño podrá realizar todos los deberes con la mano dominante, es decir, la que estamos estimulando. Cuando la calidad gráfica y la velocidad sean similares o incluso superiores a las que tenía con la mano que utilizaba anteriormente, estará preparado para hacer el cambio definitivo en el aula.

Generalmente, se aprovecha un periodo vacacional para facilitar esta transición, de modo que el cambio se produzca de forma natural cuando el niño se reincorpore a la escuela.

Insistimos de nuevo en que los tiempos van a ser variables, pero hay que tener en cuenta que no es beneficioso demorar todo el proceso. Defendemos siempre un abordaje **individualizado**. Esto quiere decir que habrá casos en los que haya que empezar por mejorar el drenaje y la ventilación de un oído si ha sido la causa primaria de su desorden lateral, otros en los que habrá que empezar el trabajo con la participación de un osteópata si existe una asimetría craneal y otros en los que habrá que trabajar el terreno emocional porque su inseguridad ha hecho que copie la forma de escribir de su compañero y esté escribiendo con una mano que no le toca por diseño lateral. Estos son solo algunos ejemplos, pero en estos casos descritos, si únicamente aplicamos el protocolo de ejercicios y no solucionamos la causa primaria, el avance va a ser mucho más lento o, incluso, puede que no logremos organizar su lateralidad porque no hemos trabajado la causa primaria, que continúa actuando como un factor bloqueante. La mayoría de las veces, además, nos encontramos con situaciones multifactoriales.

FASE DE LATERALIDAD: DIRECCIONALIDAD

En muchas ocasiones, no únicamente cuando trabajamos en la reorganización de una lateralidad, es necesario reforzar la direccionalidad, que en nuestra cultura corresponde al sentido de la escritura diestra: de izquierda a derecha.

Este refuerzo es especialmente importante en niños que se encuentran en el inicio del proceso de lectoescritura, en niños zurdos para facilitar su adaptación a la direccionalidad gráfica diestra, en aquellos que hacen inversiones (tras haber evaluado adecuadamente su causa), así como en los casos en los que se lleva a cabo una terapia de reorganización de la lateralidad.

Para ello, utilizaremos los siguientes ejercicios:

- **INFINITO MATEMÁTICO EN PAUTA ESCRIBANA**: lo hemos descrito en el anterior apartado.

- **ORDENAR MATERIAL PRECONFECCIONADO CON LA MANO DOMINANTE DE IZQUIERDA A DERECHA:** se trata de ordenar, con la mano dominante, material como viñetas para construir historias temporales, números de mayor a menor o viceversa (reforzar los conceptos de anterior y posterior, más y menos, etc.), letras para construir palabras (reforzar conciencia fonológica), palabras sueltas para formar frases, figuras geométricas de tamaño creciente o decreciente, etc. Y siempre de izquierda a derecha.

Al finalizar, el niño lee o describe lo que ha organizado y puede repetir el ejercicio a nivel gráfico, ya sea copiando la palabra o frase que ha construido, o bien escribiendo la secuencia temporal en forma de una breve historia compuesta por varias frases.

FASE DE LATERALIDAD: REORGANIZACION SENSORIAL

Este apartado requiere especial prudencia y, por lo general, debe abordarse desde una perspectiva multidisciplinar, ya que **algunos de los ejercicios propuestos requieren la aprobación de un especialista.**

En el caso de los ejercicios visuales, es imprescindible que un optometrista confirme que la binocularidad es adecuada, ya que, de no ser así, podrían resultar contraproducentes. Del mismo modo, cuando se trata de ejercicios de activación auditiva, debe intervenir un médico y/o un especialista en procesamiento auditivo con el fin de descartar cualquier causa tratable por otros medios, como un tapón de cerumen, presencia de moco, otitis, hipoacusia o alteraciones en el procesamiento auditivo.

Utilizaremos estos ejercicios cuando no exista una correcta lateralidad sensorial, es decir, cuando trabaje con un cruce lateral o cuando queramos reforzar su lateralidad. El cambio de dominancia visual es un proceso que resulta largo y puede ser difícil de lograr. No obstante, los ejercicios nos permitirán no sólo actuar para intentar cambiar la dominancia visual, sino estimular el ojo que corresponde a su dominancia hemisférica y el hemisferio dominante. En el caso de que no sea posible organizar mejor un cruce viso-manual porque existan alteraciones oculares que no lo permitan o porque se haya estimulado ya durante un tiempo y no se logre el cambio, es importante activar al máximo el **cuerpo calloso**, potenciar la conexión interhemisférica para minimizar los efectos del cruce lateral.

- **OBTURACIÓN CON PARCHE EN OJO SUBDOMINANTE**: En este caso, vamos a poner un parche en el ojo subdominante para activar el dominante: en el caso de los diestros, pondremos el parche en el ojo izquierdo para activar el derecho y, en el caso de los zurdos, pondremos el parche en el ojo derecho para activar el izquierdo. Mediante este ejercicio también activamos la coordinación ojo-mano. De esta manera, podemos realizar las siguientes actividades:

  - Ejercicios de apuntar y lanzar con la mano dominante: aros, bolos, dianas, pelotas, etc.
  - Ordenar de izquierda a derecha y con la mano dominante material preconfeccionado como números en orden creciente o decreciente, letras para componer palabras, palabras para componer frases, historias temporales o figuras geométricas por tamaños.
  - Ejercicios de lectura o escritura.
  - Se trata de utilizarlo unos 15 minutos diarios.

- **FILTRO ROJO EN OJO SUBDOMINANTE Y LÁPIZ ROJO:** Se trata de poner un filtro rojo especial, de los utilizados en terapia visual, en una montura de gafas sin cristal. Lo colocaremos en el ojo izquierdo en el caso del diestro y en el ojo derecho en el caso del zurdo. Este ejercicio permite estimular el ojo desde el punto de vista sensorial. Realizaremos las siguientes actividades:

- Escribir con lápiz rojo.
- Lectura de textos escritos con tinta roja o naranja. Es importante colocar el filtro encima para comprobar que no se ve la tinta.
- Podemos utilizar material escolar, actividades de refuerzo, realizar los deberes de esta manera, hacer esquemas a la hora de estudiar, realizar dictados, etc.
- Se trata de utilizarlo unos 15 minutos diarios.

- **ESTIMULACIÓN DE OÍDO DOMINANTE:** Aconsejamos ser especialmente prudentes con este ejercicio y aplicarlo únicamente en caso de niños diestros, puesto que, en el caso de zurdos, como hemos mencionado anteriormente, la distribución de áreas de lenguaje y, por tanto, la dominancia auditiva no es tan uniforme y es más difícil determinar cuándo debemos estimular un oído u el otro. En estos casos, si existen problemas de lenguaje o atención auditiva, recomendamos remitir a un especialista en audición y procesamiento auditivo. En el caso de los diestros que no estén correctamente lateralizados a nivel auditivo o en los que queramos reforzar el bucle audio-fonológico, utilizaremos los siguientes ejercicios y materiales unos 15 minutos al día:

- **LECTURA EN VOZ ALTA CON MANO DERECHA A UNOS 10 CM DE LA BOCA**: este ejercicio permite reforzar el bucle audio-fonológico y el oído derecho, tanto por vía aérea como por vía ósea.

- **TOOBALOO** ®: Este aparato, similar a un teléfono antiguo, permite que el niño lo sujete para leer en voz alta o hablar estimulando el oído derecho. Hay que asegurar que lo coloca correctamente sobre el oído a estimular. También lo podemos utilizar mientras realiza el ejercicio de explorar con la mano dominante un objeto colocado dentro de una bolsa.

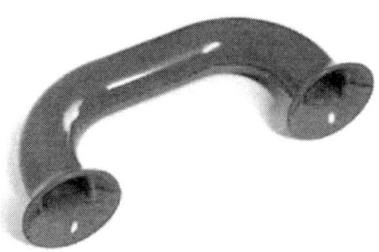

- **WHISPERPHONE** ®: En este caso, lleva incorporada una diadema que facilita la sujeción sin necesidad de aguantarlo con la mano. Se trata de leer en voz alta o hablar unos 15 minutos diarios o, como en el caso anterior, utilizarlo para el ejercicio de exploración. El hecho de utilizar la mano, Toobaloo o Whisperphone va a depender muchas veces del niño y la edad, siendo más fácil realizar los ejercicios con la ayuda de estos aparatos en niños más pequeños.

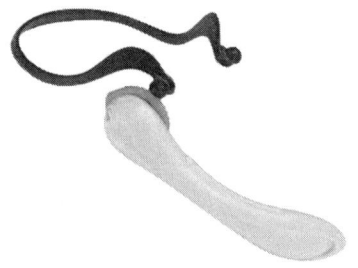

CONSIDERACIONES FINALES

Como hemos visto, la lateralidad es solo la punta del iceberg: es fundamental asegurar y acompañar el desarrollo desde el nacimiento para evitar vacíos de información.

En cuanto a la lateralidad, específicamente, sería recomendable realizar una primera observación alrededor de los 4 años, con el fin de confirmar que se están integrando adecuadamente las fases prelaterales, que existe simetría funcional y que no hay condicionantes, ya sean propios —como asimetrías estructurales, funcionales o sensoriales— o externos —como procesos de identificación con figuras del entorno familiar o escolar (por ejemplo, cuando el niño imita a su padre, a un compañero o a un docente en la forma de coger el lápiz)—. Además, esta observación permitirá detectar las primeras manifestaciones laterales.

A los 5 años, ya sería conveniente llevar a cabo una exploración más dirigida y específica, como la que hemos descrito previamente, para valorar el desarrollo lateral del niño.

Cuando un niño no desarrolla correctamente su lateralidad, esto puede tener consecuencias a nivel de aprendizaje y organización, así como en el ámbito emocional y personal.

Es importante tener en cuenta que, cuando nos encontramos con una lateralidad cambiante, mal organizada o aún no establecida a los 5 ó 6 años, deberíamos centrarnos en ayudar al niño a organizarla adecuadamente, en lugar de asumir que se trata de un caso de ambidextrismo. En la mayoría de las ocasiones, lo que se observa es un desorden lateral, más que un verdadero ambidextrismo.

Nuestra experiencia nos indica que, detrás de muchos problemas de aprendizaje, suele haber un desorden en la organización lateral y/o prelateral. Cuando ayudamos al niño a organizarse mejor mediante un abordaje individualizado, contribuimos significativamente a la mejora de sus aprendizajes y, en consecuencia, a su bienestar emocional.

En 2019 realizamos un estudio observacional de niños que acudían a la consulta por problemas de lectoescritura y pudimos constatar que el 15% contaban con una correcta organización lateral, estable y regular, mientras que un 20% presentaba una lateralidad contrariada, el 41% una lateralidad visual sensorial no establecida, en el 10% de los casos la dominancia visual motora y sensorial no acordes y un 8% un cruce lateral auditivo. Puede que en el caso de la lateralidad contrariada, la incidencia sea algo alta debido a que muchos niños eran derivados directamente por sus terapeutas bajo esa sospecha y para un diagnóstico lateral definitivo. Lo más importante a tener en cuenta es que un 72% no tenía unas bases prelaterales bien organizadas y la situación lateral podía cambiar únicamente si mejorábamos y trabajamos esta situación. Además, dentro de este grupo, un 72,5% habían tenido un parto distócico, una incidencia elevada, lo que nos hace concluir que los factores natales y perinatales juegan un papel relevante en el desarrollo posterior y, por tanto, es necesario tenerlos en cuenta en cualquier evaluación.

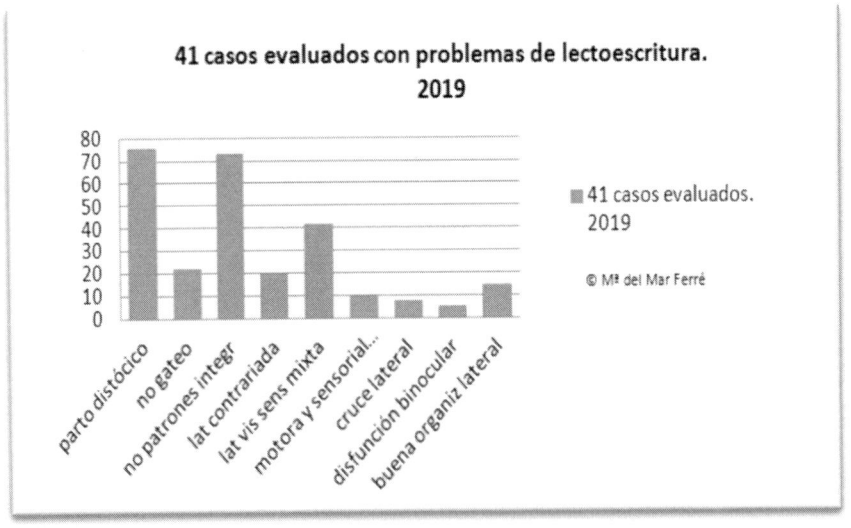

142

Existen interesantes publicaciones como *Mano derecha, mano izquierda:* *Los orígenes de la asimetría en cerebros, cuerpos, átomos y culturas* (McManus, C. (2005) en la que el autor destaca, entre otros, que aquellas personas que son marcadamente diestras o zurdas distinguen mejor la derecha de la izquierda que las que son menos marcadamente diestras o zurdas.

En *Cerebro izquierdo, cerebro derecho (*Springer, S. P., & Deutsch, G. (2001), los autores analizan las funciones de los hemisferios cerebrales y su relación con el lenguaje y otros procesos cognitivos, destacando que los lectores de bajo rendimiento están menos lateralizados que los buenos para el lenguaje receptivo.

Hay estudios que analizan la lateralización del lenguaje y su relación con factores como la escolaridad y la actividad cerebral (González, R., & Hornauer-Hughes, A. (2014) llegando a la conclusión de que los diestros con mayor nivel de escolaridad tienen el lenguaje más lateralizado a la izquierda, mientras que los de bajo nivel de escolaridad tienen una representación más bilateral, como ocurre en el momento de nacer.

Otro estudio investigó las diferencias en la actividad eléctrica cerebral entre niños con dificultades de aprendizaje y niños con desarrollo típico, utilizando electroencefalografía (EEG). Los resultados indicaron que los niños con dificultades de aprendizaje mostraban alteraciones en la lateralización de la actividad cerebral, especialmente durante tareas verbales, lo que sugiere un patrón atípico de procesamiento cerebral, que podría estar relacionado con sus dificultades en el aprendizaje. Aquellos con dificultades en la lectura generaban proporcionalmente menos actividad en el hemisferio izquierdo (Mattson, A. J., Sheer, D. E., & Fletcher, J. M. (1992).

Cabe destacar también el estudio relizado por Mayolas Pi, M. C., Villarroya Aparicio, A., & Reverter Masià, J. (2010), en el que se examinó la relación entre la lateralidad y los aprendizajes escolares en niños de 6 y 7 años. Los autores evaluaron la lateralidad manual, podal y ocular, así como la discriminación derecha-izquierda y la orientación espacial y valoraron el nivel de comprensión lectora, razonamiento matemático y atención. Los resultados indicaron que los niños con lateralidad homogénea diestra obtuvieron mejores valoraciones en comprensión lectora, razonamiento matemático y atención en clase en comparación con aquellos con lateralidad cruzada o no definida. Cabe destacar que, en el caso de zurdos con una buena adaptación a la cultura diestra, no tienen por qué presentar problemas académicos, pero sería necesario evaluar si realmente se trataba de zurdos y si estaban correctamente organizados y adaptados a la direccionalidad diestra.

Podríamos mencionar muchos otros interesantes estudios, pero no es la finalidad de este libro.

Quiero destacar también que, en un metaanálisis realizado sobre los estudios de lateralidad, los resultados no son concluyentes. Sin embargo, el propio metaanálisis señala que, en la mayoría de los casos, no se han utilizado pruebas consistentes. Por tanto, es fundamental que las pruebas aplicadas sean válidas y fiables, no solo para evaluar adecuadamente a los niños y niñas en nuestras aulas y gabinetes, sino también para poder realizar estudios comparativos de forma rigurosa.

Ya hemos subrayado la importancia de evaluar no solo la dominancia visual motora, sino también la sensorial, un aspecto que apenas se menciona en los estudios. Así mismo, hemos remarcado la necesidad de descartar condicionantes que puedan influir en las respuestas laterales, de repetir cada prueba varias veces, de comparar la calidad de las respuestas entre ambos lados, de utilizar pruebas de escucha dicótica para evaluar la dominancia auditiva y de evitar respuestas manuales cuando lo que se pretende observar son respuestas visuales o auditivas. Muchos de los test utilizados en la práctica clínica no tienen en cuenta estos aspectos, lo cual puede llevar, en ocasiones, a errores de interpretación.

Quiero volver a hacer una llamada a la prudencia y destacar que, a veces, cuantas más herramientas, más conocimientos adquirimos y con más elementos de análisis contamos que nos permiten una detección más fiable —como pretende este libro—, más dudas pueden surgir. Esto, lejos de ser negativo, es algo positivo, ya que nos aporta un grado necesario de cautela, nos hace conscientes de la complejidad del tema y nos impulsa a trabajar en equipo, de manera multidisciplinar e individualizada con cada paciente.

Ya hemos dicho que no se trata de cambiar la dominancia de un ojo para que sea acorde con la mano que utiliza el niño para comer o escribir, ni de potenciar el uso de una mano porque a los cinco años sigue alternando. Se trata de ser conscientes de la importancia y las repercusiones en el futuro que esta decisión va a conllevar, de tener en cuenta que el que es diestro o zurdo es el cerebro y no la mano o el ojo y de que, para realizar un buen abordaje, una exploración individualizada, es necesario historiar el caso, conocer la o las causas de sus dificultades, realizar una exploración minuciosa con pruebas fiables y consistentes, trabajar por prioridades y reorganizar la lateralidad de forma progresiva, sin saltarse fases, puesto que el cambio de dominancias debe seguir un orden, pero de forma constante y sin perder tiempo para que el cambio se pueda producir cuanto antes. Y siempre que surjan dudas, consultar con un especialista.

Ya hemos comentado también que la duración del tratamiento será variable y dependerá de múltiples factores, así como de las causas que hayan originado el trastorno. Incluso en aquellos casos en los que no se alcance el objetivo inicialmente planteado, el proceso de reorganización permitirá trabajar y estimular estructuras y circuitos cerebrales fundamentales —como el cuerpo calloso—, lo que repercutirá positivamente en la evolución global del niño. En algunos casos, hay niños que no lograron completar el proceso en un primer momento, pero que, con el tiempo y una mayor madurez y comprensión, han retomado la terapia más adelante, logrando entonces finalizarla con éxito.

Acompañar el desarrollo neurológico y lateral del niño con consciencia, conocimiento y constancia es una inversión en su bienestar presente y futuro y permite brindarle una oportunidad de crecimiento y desarrollo armónico.

BIBLIOGRAFÍA

Álvarez, C. L. (2014). Lateralidad zurda, un problema y una solución. *Alétheia,* 2(1), 29-38.

Dominguez-Ballesteros, E., & Arrizabalaga, A. (2015) Laterality in the first Neolithic and Chalcolithic farming communities in northern Iberia *Laterality: Asymmetries of Body, Brain and Cognition* Vol. 20, Iss. 3, 371-387

Dominguez-Ballesteros, E., & Arrizabalaga, A. (2015) Flint knapping and determination of human handedness. Methodological proposal with quantifiable results *Journal of Archaeological Science: Reports,* Volume 3, 313-320

Ferré Rodríguez, M. (2013) *Atlas visual del desarrollo del bebé: evolución del cerebro de 0 a 18 meses.* Ed. Bubok.

Ferré Veciana, J., & Aribau, E. (2006). *El desarrollo neurofuncional del niño y sus trastornos* (2ª ed.). Barcelona: Ed. Lebón.

Ferré Veciana, J., Catalán, J., Casaprima, V., & Mombiela, J. (2006). *El desarrollo de la lateralidad infantil. Niño diestro-niño zurdo* (3ª ed.). Barcelona: Ed. Lebón.

Ferré Veciana, J., Catalán, J., Casaprima, V., & Mombiela, J. (2006). *Técnicas de tratamiento de los trastornos de la lateralidad.* Barcelona: Ed. Lebón.

Ferré Veciana J., & Ferré Rodríguez, M. (2006) *Cer0atr3s: Desarrollo neuro-senso-psicomotriz de los tres primeros años de vida.* Ed. Bubok.

Ferré Veciana J., & Ferré Rodríguez, M. (2013) *Neuro-psico-pedagogía infantil: bases neurofuncionales del aprendizaje cognitivo y emocional.* Ed. Bubok.

González, R., & Hornauer-Hughes, A. (2014). Aproximación a la relación entre cerebro y lenguaje. *Revista del Hospital Clínico Universidad de Chile,* 25, 143–153.

Hepper, P. G., Wells, D. L., & Lynch, C. (2005). Prenatal thumb sucking is related to postnatal handedness. *Neuropsychologia,* 43(3), 313-315.

Luria, A. R. (1974). *Cerebro y lenguaje.* Barcelona. Fontanella.

Llamas-Salguero, F., López-Fernández, V., Martín-Lobo, P., Pradas-Montilla, S., & Sospedra-Baeza, M. J. (2021). Multidimensional exploration of the neurodevelopment of children from 1 to 3 years old using the Neurodevelopment Scale 0-3 (Ferré NDS 0-3). *Current Pediatrics, 26*(1), 22–31.

Martín-Lobo, M. P., Pradas-Montilla, S., Rodríguez-Delgado, L., & Urchaga Litago, J. D. (2021). Valoración del neurodesarrollo mediante el instrumento TDN 0-3 años en un centro infantil. En *Desempeño docente y formación en competencia digital en la era SARS-CoV-2* (pp. 991-1000). Dykinson.

Martín-Lobo, P., Pradas-Montilla, S., Rodríguez-Delgado, L., & Urchaga Litago, J. D. (2020). Valoración del neurodesarrollo mediante el instrumento TDN 0-3 años en un centro infantil. Comunicación presentada en el *XIV Congreso Internacional de Educación e Innovación, 9-11 diciembre 2020, Coimbra, Portugal.*

Mayolas Pi, M. C., Villarroya Aparicio, A., & Reverter Masià, J. (2010). Relación entre la lateralidad y los aprendizajes escolares. *Apunts. Educación Física y Deportes*, (101), 32–42.

Mattson, A. J., Sheer, D. E., & Fletcher, J. M. (1992). Electrophysiological evidence of lateralized disturbances in children with learning disabilities. *Journal of Clinical and Experimental Neuropsychology*, 14(5), 707–716.

McManus, C. (2005). *Mano derecha, mano izquierda: Los orígenes de la asimetría en cerebros, cuerpos, átomos y culturas*. Editorial Biblioteca Buridán.

Segalowitz, S. J., & Bryden, M. P. (1983). Individual differences in hemispheric representation of language. In J. B. Hellige (Ed.), *Cerebral hemisphere asymmetry: Method, theory, and application* (pp. 207-228). New York: Praeger.

Springer, S. P., & Deutsch, G. (2001). *Cerebro izquierdo, cerebro derecho*. Editorial Ariel.

RECURSOS EN LÍNEA

https://sites.google.com/view/prevencionmotorysensorial/motor - Recursos para el desarrollo motor y sensorial en el sitio web del proyecto *Prevención Motriz y Sensorial,* relacionados con el contenido del capítulo Abordaje preventivo.

Cursos online sobre lateralidad infantil, desarrollo e hiperactividad: www.mariadelmarferre.com y www.desarrolloinfantilferre.com